“基于社会主义核心价

童年有戏

肖建新
李晓琼
主编

西南大学出版社
SWUP 国家一级出版社 全国百佳图书出版单位

图书在版编目(CIP)数据

童年有戏 / 肖建新,李晓琼主编. — 重庆 : 西南大学出版社,2023.5

ISBN 978-7-5697-1736-5

Ⅰ. ①童… Ⅱ. ①肖… ②李… Ⅲ. ①戏剧教育—教学研究—小学 Ⅳ. ①G623.712

中国国家版本馆CIP数据核字(2023)第075311号

童 年 有 戏

肖建新　李晓琼　主编

责任编辑: 李　君
责任校对: 张　丽　于诗琦
装帧设计: 散点设计
照　　排: 瞿　勤
供　　图: 金州小学
出版发行: 西南大学出版社(原西南师范大学出版社)
网　址:http://www.xdcbs.com
地　址:重庆市北碚区天生路2号
邮　编:400715
电　话:023-68868624
经　　销: 新华书店
印　　刷: 重庆长虹印务有限公司
幅面尺寸: 170mm × 240mm
印　　张: 15.25
插　　页: 4
字　　数: 280千字
版　　次: 2023年5月 第1版
印　　次: 2023年5月 第1次印刷
书　　号: ISBN 978-7-5697-1736-5

定　　价: 59.00元

戏剧 温暖童心
润泽人生

黄胤

童年有戏，真好！

范蕾

编 委 会

·《当你老了》剧照

·《小小少年》剧照

·《我是冠军跳跳蛙》剧照

·《老虎拔牙》剧照

·《我在未来上课》剧照

·《红船》剧照

·《追梦少年团》剧照

·《自由平等的森林》剧照

序

距今大约 2500 年前，在遥远的古希腊，诞生了为了祭奠酒神、庆祝丰收而举办的酒神节。在节日庆典中，一支由 50 人组成的歌队披着山羊皮、踏着舞步高唱酒神的颂歌。古希腊的酒神节，可以说是人类最先将宗教仪式转为有组织的艺术节日的开始。据说，在公元前 536 年至公元前 533 年间的酒神节上，一个叫泰斯庇斯的人，首先从歌队分离出来，扮演角色与歌队问答，颂扬酒神的伟绩。于是，在歌唱和舞蹈之外，有了对话——一种由演员扮演角色、当着观众的面表演故事的艺术形式便诞生了，古希腊人称之为——戏剧（drama）。

在古希腊，戏剧（尤其是悲剧）强调内容的严肃性。在古希腊人的认知里，戏剧可以宣泄情感、净化心灵、陶冶情操、升华精神，通过观看戏剧，人可以成为更好的自己。这便是戏剧的“卡塔西斯”作用。正是因为具有了这种被叫作“卡塔西斯”的净化功能，戏剧自古便与单纯的娱乐区分开来，具有极强的社会效应，担负起培养公众品德情操、提升公民价值意识的使命。它是一种思想性、艺术性、观赏性高度统一的艺术形式。

戏剧自它诞生的那一刻起，便具有了一种力量。它是普通人可以直接触摸或直接参与的艺术形式，它可以使目不识丁者认识深刻的哲理，使人在寓教于乐中获得教化。它是一次灵魂的疗愈，通过观剧，可以使孤独寂寞者受到心灵的鼓舞。它是一次短暂地离开平凡生活、重审命运与自我之间关系的认知过程。同时，它也可以使一种思想、一种情怀，或一种文化得以展示和传达，并影响与己不同的种族和文明，从而实现文化的输出与文明的传播。

时至今日，戏剧依然具有这种强大的力量。重庆市金州小学主编的《童年有戏》很好地把握住了戏剧的这一力量，并抓住了戏剧集体性、综合性、近身性、即时性的特点，紧扣社会主义核心价值观，将爱国、敬业、诚信、友善、法治、公正、平等、自由、富强、民主、文明、和谐等理念，转换成具体的戏剧情境。通过对话、音乐、舞蹈等表演形式，寓教于乐，以切合小学生身心发展的特点，并融合语文、数学、英语、音乐、美术、体育和道德与法治等学科元素，让孩子直接参与其中，以实现对孩子整体素质的培养。同时，本书提出了切实可行的方法，并对剧本创作、导演排演、舞台美术等提出了具体要求，具有很强的专业指导性。

这样的实践十分有必要。儿童是世界的未来，童年时期正确的世界观、人生观、价值观以及审美观的建立，是一个人一生的重中之重。通过戏剧实践，帮助孩子培养团队精神，让孩子们学会相互交流沟通，并增强孩子的身体协调能力、语言表达能力、思维活跃能力、理性分析能力，激发孩子的想象力，提高孩子对自然及生命的认知层次，是儿童教育工作者以及戏剧艺术工作者所共同肩负的使命。

罗锦鳞

罗　彤

罗锦鳞：中央戏剧学院导演系教授、博士生导师、中国著名导演艺术家之一。曾任中央戏剧学院导演系教研室主任、系党支部书记、系主任，中央戏剧学院副院长等职。

罗彤：导演、希腊戏剧研究专家，上海戏剧学院驻院专家，中国文化对外翻译与传播研究中心专家委员会委员、中国戏剧家协会会员、中国戏剧文学学会理事。

目 录

理论篇

实践篇

金州小学

JINZHOU PRIMARY SCHOOL

理　论　篇

Theory

第一章 小学开设戏剧课程的意义与价值

社会主义核心价值观在戏剧课程中的意义

田新雁

一、创新社会主义核心价值观培育形式

社会主义核心价值观，是社会主义核心价值体系的内核，反映了社会主义核心价值体系的丰富内涵和实践要求。党的十八大以来，以习近平同志为核心的党中央高度重视培育和践行社会主义核心价值观。《中华人民共和国宪法》第二十四条规定“国家倡导社会主义核心价值观，提倡爱祖国、爱人民、爱劳动、爱科学、爱社会主义的公德”。践行社会主义核心价值观是每个公民的责任与义务。

《关于培育和践行社会主义核心价值观的意见》（中办发〔2013〕24号）指出，培育和践行社会主义核心价值观要从小抓起、从学校抓起。学生的价值取向不仅影响着其自身的发展，更关乎社会、国家的发展。小学作为基础教育中的关键一环，面对的是6—12岁的少年儿童，这一阶段的学生心理发展还不成熟。他们的世界观、人生观及价值观正在形成之中，容易受到各种思想的影响。因此，只有从小抓起、从学校抓起，才能让社会主义核心价值观在小学生心中生根发芽，为他们扣好人生的第一颗扣子。

《教育部关于全面深化课程改革落实立德树人根本任务的意见》（教基二〔2014〕4号）指出：“围绕社会主义核心价值观进教材、进课堂、进头脑的方式方法、有效途径、实施成效等，开展专题研究。”纵观社会主义核心价值观从

提出到实践的这些年，学校、社会等各个层面一直用各种形式宣传和弘扬社会主义核心价值观。社会主义核心价值观每个关键词的背后都承载着不同的深刻意义，但小学生年龄小，认知、理解、判断能力有限，对社会主义核心价值观的认识容易停留在对十二个关键词的字面理解上，较少联系自身实际并有意识地践行。因此，对于小学生社会主义核心价值观的价值认同教育还需要进一步加强。

社会主义核心价值教育如何“入脑入心”？仅仅依靠传统的“填鸭式”宣传是行不通的。可以将社会主义核心价值观教育融入课程，创新其教育形式，引导孩子们主动去了解社会主义核心价值观，并从中汲取营养。

金州小学把社会主义核心价值观教育与学生喜闻乐见的戏剧课程相融合，并根据不同年龄段学生的特点研发不同维度的戏剧课程，以戏剧为载体落实、践行社会主义核心价值观。在剧本创作、戏剧表演和戏剧观看的过程中，学生将社会主义核心价值观内化为自己的理解，并转化为情感、态度、价值观的经验认知和情感认同。这样的方式既能培育学生的品格，又能提升学生的艺术修养，还能让社会主义核心价值观在学生头脑中生根、发芽。

二、充实戏剧课程选材，实现戏剧课程的常态化

社会主义核心价值观是社会主义核心价值体系的高度凝练和集中表达。“富强、民主、文明、和谐、自由、平等、公正、法治、爱国、敬业、诚信、友善”十二个关键词包含了国家、社会、个人三个层面的价值取向。每一个关键词的背后都蕴藏着丰富的精神内涵与人文价值，都与我们的生活息息相关。金州小学以社会主义核心价值观为内核进行剧本创作、戏剧表演等校本戏剧课程的开发，推动社会主义核心价值观进入戏剧教学课堂，同时举办各种各样的戏剧活动，以实现戏剧课程常态化，有效避免内容单一、只注重展演结果而不重视体验过程等问题。于小学生而言，将社会主义核心价值观带入生活，无论是参演戏剧还是观赏戏剧都会让他们有种身临其境的感觉，这种感觉可以引导他们思考未来的学习和生活。于戏剧课程发展而言，融入社会主义核心价值观元素，不仅可以拓宽戏剧课程的范围，还可以促进戏剧课程的本土化发展，使之成为戏剧课程的独特之处。

三、促进校本课程的开发，助力学校文化建设

校本课程是依据学生需要、学校资源、办学目标而开发的课程。结合学

生的实际情况构建以社会主义核心价值观为主题的校本戏剧课程体系，有利于深化课程改革，突出办学特色。学校通过对课程内容、教学策略、评价机制等方面的深入研究，形成校本戏剧课程体系，创新社会主义核心价值观进教材、进课堂、进学生头脑的校本路径。此举既可以提升学生的综合素养，使社会主义核心价值观真正落到实处，又可以丰富校园文化的内涵，促进学校教育的内涵发展。

戏剧课程在学生成长中的意义

田新雁

一、戏剧课程契合当代教育发展趋势

2010年7月，中共中央、国务院发布了《国家中长期教育改革和发展规划纲要(2010—2020年)》，纲要指出坚持以人为本、全面实施素质教育是教育改革发展的战略主题，是贯彻党的教育方针的时代要求，其核心是解决好培养什么人、怎样培养人的重大问题，重点是面向全体学生、促进学生全面发展，着力提高学生服务国家服务人民的社会责任感、勇于探索的创新精神和善于解决问题的实践能力。这些年来，我国基础教育课程不断改革，戏剧也被纳入艺术课程之中了，戏剧教育不是只针对少数人的精英教育，它面向全体学生，让全体学生受益，具有普适性特征，[①]旨在让每一个学生都能从中得到收获。戏剧课程对于促进学生全面发展有重要作用，不仅能使学生了解到更多的知识，还能对学生的道德情感、审美意识等方面产生影响，除此之外还能培养学生的想象力、创造力、表达能力以及团队合作精神。因此，戏剧课程可以促进学生多方面的能力得到提升，有利于学生的全面发展。

二、戏剧课程促进核心素养落地

《义务教育课程方案(2022年版)》全面落实有理想、有本领、有担当的时代新人培养要求。将培养目标落实到各具体的学科中，转化为核心素养，即适应个人终身发展和社会需要的必备品格、关键能力和价值观。

《义务教育艺术课程标准(2022年版)》中提出改革艺术课程设置，一至七年级以音乐、美术为主线，融入舞蹈、戏剧、影视等内容。戏剧是艺术教学的内容之一。南京大学董健教授和马俊山教授认为：在所有的艺术门类里，戏剧是离人最近的艺术。[②]

在戏剧活动中，学生通过解读剧本、揣摩人物心理，获得丰富的审美体验；在戏剧活动中，学生通过对剧情发展的理解，在开心、难过、愤怒等多种复

①黄爱华．戏剧教育的基本理念及其运用[J]．戏剧艺术，2010(1)：71.

②董健，马俊山．戏剧艺术十五讲[M]．北京：北京大学出版社，2004：399.

杂情绪的宣泄中，获得丰富的情感体验，学会反思、质疑、批判，提高辨别是非的能力；在戏剧活动中，学生通过观看或演绎别人的故事，透过角色去触摸人性，感受生活，获得情感、态度、价值观的经验认知和行为认同，提高解决问题的能力。在开放式、体验式、互动式、参与式的戏剧课堂环境中，教师通过“剧本阅读”“情境再现”“合作创造”“角色扮演”等方式，让学生在阅读与表达、模仿与创造、思考与体验中提升核心素养。

戏剧与学科的融合，实现了学科与学科之间的融合。将“角色扮演”“营造情境”等戏剧课程中常见的方法运用于教学中，可以引起学生的学习兴趣，引导其成为课堂的主体，实现“做中学”“用中学”。教师根据学科焦点问题设置情境，提高学生角色意识，创造学习动机，让学生在情境中合理发挥想象力和创造力，通过不断辨识、分析、比较、反思，寻求解决问题的方法。学生学科知识落实的同时，学生核心素养也在落地。

三、戏剧课程迎合了小学生身心发展特点

戏剧融语言、音乐、表演等要素于一体，是一门综合性艺术。准确而适当的语言表达是人们需要学习的一项基本技能，小学阶段的孩子才开始系统地学习语言，他们虽然能够用语言进行表达，但仍需要不断训练和提高。戏剧语言来源于日常生活，但又富有艺术气息，在戏剧课堂中进行语言强化训练，可以逐渐提高学生的表达能力。小学生活泼好动，喜欢运用肢体动作进行表达，但是他们身体发育还不完备，肢体协调性不够好，这影响了其肢体动作表达能力。在戏剧课程中有着大量的舞蹈动作和表演动作，不仅要求参与者自身四肢动作协调，还要兼顾和同伴之间肢体动作的配合。另外还需要使自己的肢体动作与语言表达、背景音乐、情节相对应①，这就对肢体协调性提出了很高的要求。小学阶段的孩子具有表现欲强、爱模仿的特点。在戏剧课程中，可以利用这些特点，对学生进行适当的引导和训练，使其肢体协调能力得到不断发展。同时，戏剧是一种集体性的活动，在培养学生的大局意识、团队合作能力等方面具有得天独厚的优势。小学生尤其是低年级的小学生时有违反纪律的行为，难以对自我进行约束，并且他们的团队意识弱，喜欢以自我为中心。在戏剧课程中，小学生们会逐渐认识到合作的力量，逐渐明白每个角色都缺一不可，不能只强调个人的作用，还需要关注他人的需求。只有相互配合、相互尊重、相互帮助，才能顺利完成戏剧任务。

①包啸兰. 浅析在小学开展儿童戏剧教育的重要意义[J]. 中外交流，2018(29)：195.

小学戏剧课程的现状与发展路径

周　杰

一、小学戏剧课程的现状

2011年教育部颁布《全日制义务教育国家艺术课程标准（实验稿）》首次把戏剧列入艺术课程标准之中，与传统的音乐、美术共同构成综合艺术课程。2015年国务院办公厅发布了《关于全面加强和改进学校美育工作的意见》，戏剧作为单列的课程第一次被正式提出来。2022年教育部颁布《义务教育艺术课程标准（2022年版）》，明确规定义务教育艺术课程包括音乐、美术、舞蹈、戏剧（含戏曲）、影视（含数字媒体艺术）五个学科。由此可见国家对戏剧教育的重视，但我国开展戏剧教育的时间较短，小学中开设戏剧课程的学校又相对较少，所以当前小学开设戏剧课程存在着不少的问题，具体如下：

（一）戏剧和戏曲概念混淆不清

戏剧起源于古代祭祀，是一种综合艺术，是以语言、动作、舞蹈、音乐、木偶等形式达到叙事目的的舞台表演艺术的总称。戏剧以文学为主体，用“说”和“做”来演绎故事，能以直观的方式对人的审美能力、情感态度和价值观等起到积极的促进作用。戏曲是中国传统的舞台表演形式，主要有京剧、越剧、黄梅戏、评剧、豫剧、川剧等。一些学校开设了川剧、豫剧等特色戏曲课程。本书中的戏剧旨在让学生在戏剧课程创设的戏剧环境中通过角色扮演、情境体验和专业学习，提高学生的综合素养。

（二）戏剧课程覆盖面小

我国的戏剧课程建设起步较晚，且集中在部分经济发达的地区，如北京、上海、广东。经济欠发达地区的大部分学校并未开设戏剧课程。通过对部分已开设戏剧课程的学校调查发现，戏剧课程的开展形式主要有戏剧社团、戏剧工作坊、戏剧游戏等。从学生参与度上看，家庭条件优越或家长有戏剧教育培养意识的学生积极性较高，参演戏剧活动的机会较多，而大部分学生都处于边缘化位置。这与2022年教育部颁布的《义务教育艺术课程标准（2022年版）》中对戏剧的要求有很大的差距的。戏剧课程是针对全体小学生的普适性课程而不是针对部分小学生的精英化课程，每个孩子都享有公平接受教育的权利，每个孩子都应该被尊重、被看见。

(三)对戏剧课程理解不完全

课程包括课程目标、课程开发、课程内容、课程实施、课程评价、课程保障等部分。目前开设戏剧课程的学校大多数只有课程实施，且只有一些以戏剧表演为主的艺术性活动，没有完整、统一规范的戏剧课程实施策略。在课程目标、课程开发、课程内容、课程评价、课程保障上几乎少有研究。在课程目标方面，大多数开设戏剧课程的学校只要求每个年级或班级每学期排练一到两个剧目，且没有分维度、分年段制定总目标和分目标。课程开发和课程内容安排，不是为了提高学生的能力，而是为了完成展演活动，形式和内容单一。在课程评价上，只重视最后展演的结果评价，而弱化平时排练的过程性评价，且没有具体的评价量表对学生的学习效果及老师的教学效果进行评价。在课程保障上缺少必要的教学设备和教学经费，师资力量薄弱，如戏剧教师往往由班主任兼任。由于非专业的戏剧教师没有经过正规的、系统性的学习，缺乏对戏剧的认识，戏剧素养欠缺，因此很难教授出高质量、高水准的戏剧课程。

二、小学戏剧课程的发展路径

(一)加强师资队伍建设

教师是开展课程教学改革、提升课堂教学质量的关键人物，其专业素养、教学水平直接关系到课程的实施质量。当前不少小学戏剧教师对戏剧的概念依然不清楚，对戏剧课程认识肤浅，所以加强对戏剧教师的专业培养显得尤为重要。第一，学校可采用“请进来”的方式，聘请专业戏剧教师到学校开展培训，给教师传授戏剧知识与授课方法，给学生上社团戏剧课，为学校排演戏剧。比如，重庆两江新区金州小学常年聘请1—3名戏剧专家来校指导开设戏剧课程，排演大型戏剧。第二，学校可派教师“走出去”，学习专业戏剧知识，拓宽戏剧课程视野。戏剧越来越受到重视，每年都会有各种类型的戏剧教师培训。金州小学陆续派教师赴北京、广州、成都等地参加戏剧培训，目前已有三十多名教师获得戏剧教师资格证。第三，学校可建立教师戏剧社团。如果戏剧教师自己都极少参与戏剧表演，即使有一定的理论知识，也很难理论联系实际。教师戏剧社团可以让戏剧教师有更多机会参与沉浸式体验和学习，同时，教师通过自己对戏剧表演的感悟，还可以提升对学生的专业指导水平。第四，学校还可以利用网络资源，丰富教师学习的途径与平台。现在开设戏剧课程的网络平台很多，如网易慕课、微信公众号中的中国戏剧文学学会等都可以为一线教师提供专业的戏剧知识讲解。第五，引导教师多走进剧院看剧。学校要引导教师多走进剧院，观看剧目，看得多了，关于戏剧的了解也就多了。“学习强国”App里也有很多国内外的经典剧目视频，教师们可以多看多学。

（二）拓宽戏剧课程覆盖面

以往的戏剧课程参与学生的覆盖面不够广。戏剧在2022年已经被纳入《义务教育艺术课程标准（2022年版）》，所以，戏剧课程已成为学生必学的国家课程，对于学生而言其重要性不言而喻。基于此，首先，戏剧课要进课表。学校可以在全校开设“戏剧普惠课”，通过校内外戏剧教师共同协作，让全校学生接受专业的戏剧教育。其次，为了营造戏剧学习氛围，学校可以搭建戏剧小舞台。学生可以根据兴趣爱好成立戏剧小组，利用课余时间，在戏剧小舞台上自编自演，从而调动学习戏剧的内部动力。最后，学校还可以每年在固定的时间举办戏剧节，让每个班级每个学生都参与表演，并评选出表演优秀的班级进行年级、学校会演。

（三）完善戏剧课程体系

首先，为了有统一的课程标准，开办优质高效的戏剧课程，学校应参考优秀的儿童戏剧教育教材，结合学校实际情况，编写各年段的校本戏剧课程内容。其次，在戏剧课程中，教师不仅要关注儿童的语言、神态、动作，还要给学生讲解戏剧角色背后的故事，让学生体验所扮演戏剧角色的丰富的内心活动，在表演中以情感人，而不是流于表面。再次，要让学生掌握在戏剧课程中学到的知识与方法，并迁移到现实生活中解决实际问题，从而培养学生的人文底蕴、科学精神、实践创新能力，继而促进学生形成健全人格，提升艺术素养。最后，学校要建立完整的戏剧课程评价方式。学校要从戏剧课程开发、戏剧课堂教学、戏剧表演实践等多维度建立评价方式，引导戏剧课程科学、常态化地开展。

第二章 小学戏剧课程的实施策略与方法

戏剧课程实施策略与方法

周司阳　何欣莹

一、普惠课

在学校实践中，戏剧课程远远超出学校艺术教育的内容，它融合了语文、数学、英语、音乐、美术、体育和道德与法治等学科元素，是一门重在培养学生良好思想品德和综合实践能力的课程。又因戏剧具有很强的参与性、活动性和适切性，对学生没有外在条件的限制，因此学生可全员参与，他们可以是演员、是编剧、是导演……

在小学推广戏剧，课堂是主阵地。

1. 课程意义

戏剧普惠课可以激发学生对戏剧的热情。戏剧活动可以让学生在模仿与创造、思考与体验中了解戏剧，激发其兴趣，提升其感受力、创造力、协作力、想象力、审美力等综合能力，丰富人生经验。

2. 课程安排

学校可以将戏剧单独作为一门学科排进课表，每周一节，以自然班级为单位，使每个学生都参与。

3. 师资安排

采用“请进来”与“走出去”相结合的方式对教师进行戏剧教学指导与培训，提升教师参与戏剧课程建设的能力。戏剧课程主要由音乐老师或语文老师根据戏剧自身的特点，参考专业教材进行授课。

二、社团课

在小学实施戏剧教学，应该是多层次的，这样才能满足不同学生的需要。戏剧普惠课是所有小学生的必修课，而社团课倾向于发展特长，为特别热爱表演的学生提供更广阔的舞台。

1.课程意义

社团课中的戏剧表演、要求精益求精。指导教师需训练学生的声音、台词、形体、表演，引导学生追求极致的舞台效果，力求每一句台词、每一个动作都做到最优。社团课可以纳入各级各类的演出活动，给学生参与各级各类艺术（戏剧）比赛创造条件。

2.课程安排

学校分年级成立学生戏剧社团，学生和任课教师双向选择，每周一次开展戏剧教学和排演。社团以剧目排练的方式，对学生进行戏剧知识和能力培训，包括气息、声音、表演、形体等的训练。每年每个年级会排练5—10个剧目，在各级舞台上演出。

3.师资安排

由于社团课的排演需要更专业的舞台指导，所以建议聘请专业的戏剧教师进行授课。

三、戏剧节

1.时间及频率

结合学校活动安排，时间相对固定，每年一次。

2.主题

围绕社会主义核心价值观，结合时政，适当拓展，如2020年，戏剧主题可以拓展为歌颂抗疫英雄；围绕社会主义核心价值观，增设学生才艺展示“艺术节”等。

3.总要求

班班有剧目，人人有角色，个个都上台。

4.开展形式

现场或云上。

现场可根据学校班级多少，采用多种方式进行。

班级少：全校集中展演，可邀请家长代表参加，并对家长直播。

班级多：分设年级专场，可邀请家长代表参加，并对家长直播。

参演人员：学生，云上展演亲子剧需家长配合。

5.剧目策划及实施

剧本来源：原创或改编。原创素材来源于生活，凡亲眼所见、亲身体验、听人讲述的人或事等，都可经过加工提炼而成剧本。比如2020年，老师们结合身边的人和事，创编了各类抗疫英雄剧本。改编素材来源于经典故事、其他剧本、课文内容等，比如《谁动了我的奶酪》来源于《狐狸分奶酪》。

编剧人选：低年级由班级老师或家长完成；高年级由师生共同完成，家长也可参与其中。

戏剧节前期工作。戏剧节前学校的准备工作包括戏剧节策划、舞台布置、氛围营造、演出顺序的确定、主持人（学生）培训、评委嘉宾人选的确定、戏剧节宣传片的拍摄等；面向师生征集戏剧节使用的标志、吊旗、奖杯等；宣传海报评比；剧目单制作、整体调控等。戏剧节前班级的准备工作包括师生共同参与角色理解、角色分配、演员配合、剧情演绎、道具制作、舞美设计、化装造型、班级剧目宣传海报绘制、剧照拍摄等。

（1）戏剧节会演

①学生带妆打卡签名，打卡拍照。

②舞台交给学生，组织协调交给老师。

（2）戏剧节闭幕

①年级优秀班级剧目演出。

②教师剧目演出。

③学生戏剧社团剧目演出。

④家长剧目演出。

⑤奖项设置：班班均有奖，如果班级多，各年级奖项一致，年级内评奖。

⑥颁奖类别：小金戏奖、最佳舞美奖、最佳道具奖、最佳演员奖、最佳编剧奖等。

⑦颁奖形式：师生带妆走红毯领奖，分类别颁奖。

（3）戏剧节后相关工作

①微信公众号、视频号宣传稿件编制、发布。

②学校优秀剧目整理，合适时机外出演出。

学科融合课

语文戏剧融合课

刘梅春

语文课程是一门学习国家通用语言文字运用的综合性、实践性课程，人文性与工具性是其基本特点，它致力于全体学生核心素养的形成与发展。戏剧是一门综合性艺术，在育人上与语文有着高度的相通性。因此，将语文教学与戏剧相结合，戏剧的包容性、开放性能让学生的学习过程更生动活泼，更具体验感，从而加深学生对文本的理解，提升学生的核心素养。

1.教师入戏——增加课堂的趣味性

传统的语文课堂多以讲授为主，教学形式较为单调。在语文戏剧融合课的课堂中，教师可以扮演相关课程的角色进入课堂，这不仅一改教师原有身份，还符合学生好奇的天性，可以大大增强学生的课堂体验感。例如，在教授部编版语文二年级下册第11课“我是一只小虫子”中，教师可以用手偶扮演一只小虫子进入课堂，向同学们做自我介绍引入课程，“当一只小虫子好不好？我的伙伴们都说‘当一只小虫子，一点儿也不好’”。在途中可以根据课程安排和同学们的反应进行身份切换，增强课堂的灵动性，使语文课堂更有趣味性，让学生在丰富的体验中加深对课文的理解。

2.分角色读——促进人物立体化

小学语文教材的大量课文中都有关于人物对话的描写。要想将对话读好，在课堂教学中加入戏剧元素是一个不错的选择。教师可以鼓励、引导学生选择自己喜欢的角色，并带领其结合课文分析角色，将其带入情境中，声情并茂、创造性地演绎文本。为了让学生对自己所扮演的角色有更加深刻的了解，可以举行一个“记者会”，其他同学可以向这个角色提问，从而帮助这个同学更好地理解人物。例如在学习部编版语文四年级下册第23课“‘诺曼底’号遇难记”时，船长的扮演者可以接受同学们的采访，对自己有一个清晰的定位，如：自己多少岁？家庭组成情况是怎样的？工作经历是怎样的？等等，在这个过程中形成一个简单的人物小传，帮助角色形象立体化，从而帮助学生更有感情地读出人物语言，理解课文内容。

3.聚焦冲突——提升学生思维能力

新课标强调，在教学过程中要凸显学生的主体地位，关注学生个性化、多样化的学习和发展需求。在各个学段也有很多教学内容需要学生针对某一现象发表自己的见解。将戏剧元素融入语文教学中，可以更好地达到这个目标。

例如在教授部编版语文四年级上册第19课“一只窝囊的大老虎”时，对于大老虎是否“窝囊”这个问题，教师可以请一只“大老虎”站在“舞台上”，观众分两派，各持相反意见，并说出“窝囊”和“不窝囊”的理由，一分钟后，再让“大老虎”说出自己的感受。

4.改编剧本——提升学生创造力

部编版教材提出了“按自己的想法新编故事”“创造性地复述故事”等要求，这都需要学生拥有丰富的想象力。在教学时，教师可以借助戏剧表演，让学生在体验中激发灵感，在碰撞中激发想象，再创造性地让学生对课文进行改写，形成一个表演剧本。例如上部编版语文五年级上册第9课“猎人海力布”时需要学生“创造性复述故事”，教师可以组织一场沉浸式戏剧表演，表演可以随时暂停，教师可以问问“海力布”当时的想法，并对观众（学生）进行采访，如“作为海力布的舅舅（任意身份），你想问海力布什么？”等等，让故事加入“人物的心理活动”和“他人的语言”，使故事内容更加丰富，以达到创造性复述故事的目的。

教学实践证明，语文课程与戏剧课程有很多相通之处，能够很好地进行融合，融合性课堂更加生动活泼，课堂效率也大大提升。语文课程与戏剧课程的融合，可以增强课堂趣味性，让学生的想象力、创造力、表达力大大提升，有利于加强学生对课文的理解，提升学生的综合素养，促进教学目标的达成。

数学戏剧融合课

苏　娅

戏剧元素与数学教学的融合，是一种新的教学方式。把戏剧元素融入数学教学中，可以将数学知识变得更加生动易理解，从而提高课堂效率，突破教学重难点。数学课堂主要是培养学生的逻辑思维能力，在新课标的指导下，落实学生核心素养尤为重要，戏剧元素的融入可以更好地实现这些目标。

1.指令练习，丰富学习体验

小学数学戏剧融合课中，教师要充分发挥学生的主体地位，鼓励他们积极参与到数学问题的探究中，有效地感受数学知识，锻炼数学能力。[①]在低段教学中，根据学生注意力集中的时间短等特点，可以在课堂活动中设置一些有趣的指令练习，调动学生的学习兴趣，巩固其所学知识。

例如：在学习人教版数学一年级上册“分与合”的知识时，可以通过指令练习，帮助学生熟记“5的分与合”，也为后面学习“5的加减法”做好铺垫。老师可以让4名学生扮作数字1、2、3、4，然后发布指令“可以合成5的两个数就手牵手，并说出几和几合成5”，其余同学仔细观察，认真倾听，及时判断，如果组合正确，就比“对”的手势，如果组合错误，就比“错”的手势。这样的指令练习，还可以推广运用到记忆其他数字的分与合中，不仅可以丰富学生的学习体验，增加课堂趣味性，而且可以更加有效地帮助学生对知识进行巩固。

2.创设情景，促进知识理解

在小学数学教学中，创设真实而具有价值的情景是开启数学学习的基础，能帮助学生更好地“入戏”，从而更好地达成教学目标。情景的创设要符合学生的年龄特征，低年级可以创设有童趣重实践的情景，高年级可以创设真实的重思维的情景。

例如：在学习人教版数学一年级下册“认识人民币”的内容时，教师可以把生活中购物的情景贯穿课堂始终，将戏剧化探索和学习相结合。让学生通过扮演收银员、顾客，正确认识人民币，并熟练使用人民币。在课后还可以举办“跳蚤市场”，创设真实的交易情景，进一步巩固学生对人民币的认识。

通过教学实践我们发现，数学教学中融入戏剧元素，可以让课堂更加有活力，学生享受课堂的同时也收获了知识。但需要注意的是，课堂里的戏剧对道具、场景、服装等，不要有过度的要求，不要让课堂里的戏剧成为孩子们表演的负担，因为小学数学课程和教学戏剧化的核心目标不是戏剧本身，而是戏剧对数学本质的表达、阐释和演绎。[②]

① 丁海荣.低年级数学课堂教育戏剧实践研究[J].文理导航，2022(17)：15.

②张宏伟.戏剧，让小学数学课程与教学“更有戏”[J].小学数学教师，2016(1)：14-15.

英语戏剧融合课

李传奇

英语是一门工具性兼具人文性的学科。当今，以核心素养为导向的课堂教学强调教会学生运用知识，让学生在“用中学”“做中学”。美国教育学家杜威把教学的过程看作是“做的过程”，提出了“做中学”的理论。在戏剧教育课堂，强调让学生在“演”的过程中，自然而然地学习，这能为学生的终身学习和发展奠定良好的基础。[①]在小学英语课堂中，我们更多思考怎么让学生把所学到的语言主动用起来。戏剧与英语课堂的融合为学生主动运用语言创造了更多的机会，可以更大程度地帮助学生进行对话练习，并且加强其对语音语调的感知训练。

1. 两人角色扮演，真实对话

小学英语课本为对话学习，设有基本的真实情境。在初步学习语言后，可以采取师生、生生合作的方式进行角色扮演，情境对话。模仿人物语言、语气、语调，让学生真实体验、感受角色语言。例如，在外研社英语（一年级起点）四年级下册 Module 7 unit 2 中对“Is it...time? Yes，it is.”相关对话学习中，课本里小猪一直在问“Is it breakfast time now?”“Is it lunch time now?”可以采用男生扮演对话中的小猪，女生扮演猪妈妈，模仿角色的语音、语调进行情境对话练习。学生能从中学会用合适的语音、语调表达 Is it... time? 并做出正确的回答。

2. 小组片段排演，理解文本

小学英语课文语篇学习大部分以故事为载体。在整体语篇练习环节中，以小组为单位，每位学生选择相应的角色后，主动与小组成员一起，练习语言。在情境中，将语言和表情、肢体结合起来，学生才会对语言有更加深刻的印象，学习兴趣也会越来越浓。例如，在外研社英语（一年级起点）四年级上册 Module 5 unit 1 中，Sam 和 Daming 与爸爸对昨天的旅行展开了对话，课文较长，在练习的过程中，可以采用四人小组合作的方式，组长带领小组成员各自扮演不同的角色，用 10 分钟左右的时间，按照自己的理解将文本故事排演出来。

---

① 路俊. 以“情境”为载体的英语戏剧教学的研究[J]. 小学教学研究，2022，(10)：91.

3. 全员边演边说，主动表达

为对话创设合适的角色和故事背景，在故事背景中设定要一起解决的问题，刺激学生主动用英语表达的欲望。学生们从一开始就设定为故事中的同一个角色，为了解决某一个故事中产生的问题，和教师一起边演边学，边学边说，边说边演。例如，在外研社英语（一年级起点）一年级下册 Module 5 unit 1 中，学习，"What are they? They're..."的对话以及动物类单词时，情境可以是，鸡妈妈和小鸡们发现了一个来路不明的蛋，大家一起来帮这个蛋找妈妈。其中，教师可以扮演鸡妈妈，学生们扮演小鸡，一起为那个蛋找妈妈。跟随故事情境深入，学生们会主动用 What're they? 提出问题并且在每一次提问后学会相应的单词，最终找到蛋妈妈，更好地做到全员主动参与，让教学过程生动有趣。

道德与法治戏剧融合课

高钰鹃

道德与法治是小学教育的重要内容之一，它是塑造学生行为、价值观、道德观和人生观的重要课程，该课程具有政治性、思想性、综合性和实践性，若教学方式枯燥又单调，则教学效果会不尽如人意。在当下小学教育中，戏剧因为生动活泼的新颖形式深受学生喜爱，因此，推动小学道德与法治和戏剧相融合具有可实践性。

1. 选择内容，保留思想

在道德与法治课程中，一部分内容具有矛盾冲突的特点，如"大家排好队""我们小点儿声"等体现了集体主义与个人主义的对立，用戏剧形式表达出来会更有感染力。另有一部分内容用戏剧展现则更加直观，如"我们当地的风俗"等。道德与法治戏剧融合课虽然是组织学生排练戏剧，但最终目的是进行道德与法治教育，因此目标不能偏，要通过戏剧情节以及人物性格的刻画来反映道德与法治的教育内容，最终让道德与法治思想入脑入心。

例如：部编版三年级下册《道德与法治》第 9 课"生活离不开规则"，学生可以分组自编短剧，演绎不遵守规则的场景，让学生感受到不遵守规则带来的麻烦，从而体会到规则的重要性。

2.学生主体，自主参与

在道德与法治课中融入戏剧的一大作用便是增强学生的自主性，课堂形式也从传统的教师说教转变为学生主动参与、师生积极互动。一堂好的道德与法治戏剧融合课，不仅仅是学生表演欣赏，更多的是通过师生互动、生生互动，启发学生思考，领悟道德与法治知识。我们不是把学生培养成演出者，而是给其平台，让其在创造表演中发挥自己的能力，不仅实现德育目的、培养学生的表达能力和团结合作能力，还润物细无声地进行道德与法治教育。

由此可见，学校通过戏剧元素的融入，既能让传统的道德与法治课锦上添花，让学生在戏剧活动中展示才华，还能贯彻落实素质教育，达成德育的目标。

音乐戏剧融合课

甘桔苹

戏剧是一种内涵丰富的艺术门类，涉及文学、音乐、美术等多学科内容。在音乐课堂上，积极借助戏剧教学提升课堂教学效率尤为必要。为了使教学活动取得理想效果，教师在教学过程中可采取以下策略：

1.律动热身，增强学生的感知力和听辨能力

戏剧表演前通常都会有一个热身环节，音乐课的开课环节也可以开展律动热身游戏。学生通过教师给出的音乐或视频，自己即兴做出动作和发出相应的声音，这可以增加课堂的趣味性，缓解紧张情绪，复习基础知识。

例如在教授人音版音乐教材二年级上册“乃哟乃”这一课时，教师可采用戏剧游戏的方式，为让学生听辨“do、mi、sol”三个音的音高。教师让学生在教室围成一个圈按节奏行走，当听到“do”时蹲在地上，当听到“mi”时半蹲且双手抱住自己，当听到“sol”时踮起脚尖跳跃，这样不仅有效避免了枯燥的听辨练习，还让学生将三个音的音高牢记于心。

2.声势训练，增强学生节奏感，培养学生音乐创造力和表现力

教师可以孩子们的天性为出发点，在音乐教学中运用声势练习与戏剧模仿融合教学，让学生在探究和学习过程中，进一步增强音乐节奏感，充分发挥想象力、创造力和表现力，激发创新思维。

例如在人音版四年级下册音乐教材“土风舞”一课中，教师通过改变歌曲演唱的速度和节奏，让学生在声音模仿中感知节奏的变化，在身体的律动、

体验感知的过程中去建立节奏感以及培养创造力和表现力。

3.角色创编展示，帮助学生更好地理解音乐形象

课堂是学生与教师面对面交流的主要场所。要提高音乐课堂效率，必须要给学生充足的发挥空间，可以通过角色创编、戏剧表演，充分挖掘他们的潜力，以多种形式帮助学生理解音乐作品，提升音乐素养。

以人音版音乐教材四年级下册“彼得与狼”这一课的教学为例，在教学过程中，教师采用戏剧表演的方式，将学生分成四组，要求学生自行合作创编“抓狼”，并根据音乐进行表演。每个小组积极讨论如何跟着音乐将情绪、表情、动作表演到位。学生在表演中既体验了“抓狼”的艰辛，又在“与狼斗智斗勇”的过程中逐渐了解了音乐作品中的人物形象。

戏剧教学融入音乐课，可激发学生学习兴趣，活跃学生的思维，培养学生的创造性思维、音乐素养等综合素质。在教学过程中教师要积极大胆地进行尝试，只有不断尝试，才能使教学活动取得理想效果。

体育戏剧融合课

何　柳

戏剧是一种集舞台表演艺术、音乐、语言、舞蹈动作等于一体的身体表演活动，它能够通过肢体动作、情绪表演等方式演绎一段故事。而体育教学是根据体育课程标准和学期教学计划，以身体练习为主要方式而进行的有目的的教育教学活动，在体育教学的过程中，学生可以享受乐趣、增强体质，达到健全人格和锤炼意志的目的。当下，体育教学与戏剧的结合逐渐成为一种新的教学模式，不仅丰富了戏剧的意义和作用，也促进了体育学科核心素养的落地，促进了小学体育课堂教学方式的更新，还有利于体育教师对于体育活动场地、器材等资源的充分利用。

1.教师入戏，情境构建

首先，作为教师的我，在整个教学（炸油条游戏）过程中选择的教学方法是教师入戏。在游戏过程中，我扮演厨师。首先，我会在体育馆布置好场地（厨房），摆放好相当数量的体操垫（充当油锅），摆放几张炸好的油条图片，让孩子们快速进入本节课的场景中去。在整节课中，教师（厨师）会通过语言描述来控制油温，促使学生（油条）体会和感受温度和油条的变化，并用肢体真

实地表现出油条在油锅中发生的变化。

器材(道具):体操垫(油锅)

人物(演员):教师(厨师);学生(油条)

场地(场景):体育馆

教学导入(旁白):同学们,欢迎你们来到老师的炸油条课堂。请看,我已经给你们准备好了炸油条用的油锅(体操垫),而你们就是一根根还没有下锅的油条。今天我们就来学习炸油条这项厨艺,来一个"油条变身",看谁能够在老师的指令下,在油锅里把自己炸成一根色香味俱全的"油条"。

2.教学目标戏剧化

例如:教师打算教会学生左右直体滚动的技能,从而发展学生滚动、平衡以及身体柔韧与协调的身体素质,那么教师就可以进行"炸油条"游戏的剧情设计。同学们要想学会"炸油条"(滚动)这项动作技能,需要扮演油条在油锅里翻来覆去地炸(滚动),且动作幅度不能太大,时间不能太久,否则油条就会焦。教师则扮演厨师的角色,通过语言对学生下达指令来控制"油温"的变化,促使学生们了解和体验自己(油条)在"油锅"中的变化,感受"油温"变化对"油条"带来的影响。学生在整个教学过程中了解到,厨师(教师)必须控制好油温,才能使油条(学生们)在油锅里来回滚动,这样炸出的油条才色泽均匀、美味可口。

在学会如何炸好一根油条之后,教师(厨师)还可以下达指令,使学生们(油条)两两合作,手拉手,绷直双腿,炸双人油条;或者在双腿打不直的学生(油条)两腿之间加一块木板,我们称之为夹心油条,激发学生的兴趣。在整个"炸油条"的剧情中深入体验炸油条(左右直体滚动)学习的乐趣。学生在"炸油条"的过程中,学会了滚动的技能,锻炼了平衡、灵敏和协调的能力,进而达到了本堂课的学习目标。

美术戏剧融合课

程　茜

美术也被称为造型艺术或视觉艺术,美术的价值在于提升孩子的审美力、培养孩子的感受性和感觉力。戏剧是时间艺术与空间艺术的综合,将戏剧与美术课堂相融合,通过造型的手段,可以创造出具有一定空间和审美价值的视觉形象艺术。

1.从角色出发，丰富人物性格

美术课的手工制作有平面制作和立体制作两类，教师在上湘美版二年级下册“六面怪脸”一课时，应从孩子们的视角出发，结合人物个性特点，从色彩（对比色）、造型（装饰了夸张的胡子和尖利的牙齿）、五官（眼睛用了镂空法，胡子用了穿插法，头发用了添加法，耳朵用了粘贴法）三个方面帮助孩子们完成人物创作，使每件作品都蕴含了丰富的情感和创意。完成之后孩子们戴上制作的怪脸，以桌子为中心围成一个圈，跳起了非遗舞蹈——傩舞。

2.设计道具，增强表演体验

以湘美版四年级上册“银饰之美”为例，通过教材，了解了苗族的银饰特征以后，我们发现生活中可以用锡箔纸来制作。锡箔纸，有着白银的色彩和光泽，而且可塑性强，非常适合儿童操作，于是我们“脑洞”又大开（网络术语，指开动脑筋），找到了生活当中本身就有造型的抽油烟机烟筒、蛋挞底座、回形针等材料，制作了一顶具有民族特色的苗族银凤冠和大银角。在我们学校戏剧节的舞台上，孩子们扮演的苗族人士戴上了漂亮的银饰闪亮登场。我们的课堂基于儿童立场，教会孩子们怎样设计与戏剧人物相关的独特道具，让角色更加丰富饱满。

3.场景构图，加强视觉感受

在美术学科中，构图也叫“章法”或“布局”。为了表现作品的主题和美感，在一定空间里，应安排处理好人物的位置关系，把个别或局部的形象组成艺术的整体。在人美版三年级上册“我的小天地”一课里，房间里的家具与家具之间、家具与周围环境之间、人与环境之间的前后、大小关系都要得到体现。每一件物品的摆放位置要美观、协调，还要有一些装饰物，这样才能让整体空间变得更加丰富有趣，彰显人物个性特点。

戏剧与美术结合的课堂给了孩子们创作的空间和自我表达的平台，学生在掌握知识学习技能的同时也培养了审美感知能力，养成从不同角度对事物进行观察的良好习惯，促进自我“主动生长”。

科学戏剧融合课

毕　娅

角色扮演法是指在课堂教学中根据教学的需要，在教师的组织下由教师或学生依据教材扮演特定的人物，在扮演过程中开展课堂活动的方法。这种角色扮演法过去大多出现在英语、语文学科的教学中，在科学课中出现较少。科学教学要以学生为主体，要给学生想、说、练的机会，角色扮演法在科学课堂上的应用舞台很广阔。

1.利用角色扮演，激发学生学习兴趣

兴趣是最好的老师，学生只有在把学习看成一种需要、一种享受时，才会产生爱学、乐学的内驱力。初中生青春勃发，大都喜好模仿、乐于表现，课堂中参与角色扮演的学生期望自己的表演得到教师、同学的认可，从中获得成就感和满足感，角色扮演法正适应了学生的这种年龄特点。在学习中，学生如果对某一事物有了兴趣，他就会愿意接近它，并且能态度积极、精神饱满、兴趣盎然、全神贯注、心情舒畅地学习。

如在教科版四年级下册“简易电路”这节课中，电路的连接特别是并联电路的连接，给很多学生带来困难。电路的连接又有许多等效连接方法，上课时往往不能一一点到。我让学生扮演不同的电路元件，手拉手就可以组成不同的串联、并联电路。让学生扮演元件，连接电路的方法，既降低了电路连接的难度，又快速、直观，为枯燥的电路连接教学增添了活力和乐趣。

2.利用角色扮演，提高学生的语言表达和思维能力

在实际教学中，我发现，对于实验设计和科学结论，有的学生说得准确、简练、条理分明，有的学生却语无伦次，无法正确地表达自己的观点。教师在科学课中让学生扮演解说员、主持人、配音演员等能有效地提高语言表达能力。

如在沪教版四年级上册“材料的发展”这一课中，在学习了纳米材料、超导材料、记忆合金等新型材料后，教师可以请同学扮演“纳米材料”“超导材料”“记忆合金”等材料。其他同学扮演参观者，向“材料”提问，如：纳米材料有什么优点？超导材料被应用于哪些领域？以此来增加学习趣味性，培养学生的语言表达能力。

合理地运用角色扮演法，有利于落实新课标教学目标，呈现出更多精彩、互动、有效的课堂；角色扮演法在新课导入、加深知识理解、提高语言表达能力、激发学习兴趣等方面起着重要作用，有利于促进学生全面发展，培养学生科学素养。

戏剧课堂教学模式

冉　霞

一、教学模式[①]

1.教学目标

戏剧表演技能:声乐、语言、形体、表演等方面。

过程与方法:运用的方法、策略。

情感体验:学生的表现、情感体验、理解、创作。

2.教学重难点

3.教学准备

4.教学过程

(1)情境设计

做暖身活动。

游戏:用小游戏的方式导入新课。

律动:在老师的带领下,把角色的主要动作做一做。

(2)台词训练

模仿角色的语气练习台词。

(3)创造性戏剧表演

了解故事情节:老师用问答的方式,让学生对故事情节有深入的了解。

分析剧本:和学生一起分析故事情节和角色特点。

分角色:根据学生特点进行角色分配。

角色扮演:请部分学生和老师一起表演。

小组创编:学生分小组按要求进行创编,老师指导。

(4)展示分享

学生分组展示表演(可配背景音乐)。

分组讨论在角色扮演表情、动作上还可以有哪些改进之处和创新的方法。

老师评价鼓励。

学生分享表演或观剧感受。

5.总结

①模式只是提供一种思路,具体操作可根据实际情况改变。

二、戏剧教学设计案例

皇帝的新装

【教学目标】

1. 熟悉《皇帝的新装》故事情节，理解故事的主线，明白故事中的人物关系。

2. 能用肢体动作表现人物的特征和心理。

3. 通过戏剧表演，体验角色扮演的乐趣。

【教学重难点】

重点：熟悉故事发展情节，知道故事中对应的情景。

难点：能把皇帝和两个骗子的表情和心理变化创造性地表现出来。

【教学准备】

1. 音乐。

2. 皇帝头饰、大臣帽子、假胡须。

【教学过程】

活动一：故事引入

老师讲故事，并引导学生回忆故事情节。

师：孩子们，大家都知道《皇帝的新装》这个故事吧，下面老师带领大家一起来回忆一下这个故事。

活动二：台词训练

1. 师："有个糊涂老国王，每天要穿花衣裳。"这一句大家觉得应该用什么样的语气才能表现出国王特别爱穿新衣裳呢？

生：轻快、轻松。

2. 师：那我们来试一试。

3. 师：同学们，请和你的同伴交流一下，两个骗子的话应该用什么样的语气来说？

（请学生说一说骗子的话）

4. 师：同学们都模仿得很像，再思考一下"衣裳做好穿身上，一扭一扭街上逛"和"这个糊涂老国王，他光着身子满街逛"这两句该用什么样的语气来说，和你的小组成员讨论一下。

（请一至两位学生说一说）

5. 师：哪些同学愿意来试一试，有表情地读一读剧本？

活动三:创造性戏剧表演

1.分析角色特点,即兴创作表演

(1)师:孩子们,这是个怎样的皇帝?

生1:是个又笨又虚荣的皇帝。

生2:糊里糊涂的还要装得有模有样的皇帝,老百姓都怕他。

…………

(2)师:骗子是一副怎样的嘴脸?

生:奸诈的模样。

师:我们来做一做骗子的动作,注意表情。

(3)师:两人一组,即兴开始一段欺骗国王的表演。

(师评价:做出了骗子一开始讨好的模样,面部表情很丰富。)

(4)小组合作,讨论一下国王思考和惊喜时的动作和表情,以及得意扬扬游街的状态。

2.角色扮演

(1)师:小组合作讨论怎样表现好每个情节以及适合扮演的角色。

(2)把故事分为两个场景:骗子和国王对话、做衣裳为第一个场景;国王游街为第二个场景。

师:有没有同学愿意和老师合作一下,演一演第一个场景?

(3)小组合作演一演第二个场景。

3.教师作旁白,让学生分小组自主选择角色,师生合作完整表演故事情节。

4.小组展示,老师点评

活动四:分享感受、交流讨论

师:谁来说说你最喜欢哪一组的表演?为什么呢?

戏剧课程评价策略

孙兴莉

为更好地检验“基于社会主义核心价值观的校本戏剧课程实践研究”是否实现了教育目的，实现的程度如何，以判定课程设计的效果，评价的策略既要注重普适性还要兼顾个性化，多维度的评价体系方能凸显课程的育人价值。

1. 戏剧课堂评价策略

（1）自评与互评相结合。学科融合下的戏剧课堂依据各学科课程标准、教学目标及时进行自评与互评，如语文、英语课堂的课本剧表演，音乐课上的走台等都可以组织学生及时开展自评与小组间的互评、同学评与老师评等。

（2）阶段性评价与发展性评价相结合。基于社会主义核心价值观的戏剧普惠课，除了自评与互评外，还可以从戏剧表演的角度对学生定期进行阶段性评价和发展性评价，以便更好地提升学生的综合素养。如对学生在每节课的参与度、合作、语言表达、道具运用等方面设定比例或等级给予评分。也可依项目制作表格，将全班同学的评价列表公示出来或运用班级优化大师的积分来综合评价学生在每月、每期的学习中各方面能力的提升。

2. 戏剧展演评价策略

除了常规的戏剧课堂评价外，针对班级的戏剧展演，评价则要遵循专业化、个性化的特点。

（1）专业化评价。展演的班级戏剧在剧本创作、角色扮演、灯光道具等方面都是经过师生精心准备的，此时可以邀请专业的戏剧老师或专家等依据戏剧的三一律、角色扮演情况、专业上的表现水平等进行专业的指导和评价。

（2）个性化评价。针对人人参与的不同主题、不同内容、不同道具的班级戏剧，组织者可以从多角度去设置奖项来发现班级戏剧的闪光点，如剧本、声音、形体、台词、表演都俱佳的“小金戏奖”，演员服装得体、道具安排合理的“最佳道具奖”，配合默契、表演绘声绘色的“最佳演员奖”，以及“最佳舞美奖”“最佳导演奖”等。让每个站在舞台中央、在舞台背后默默努力的人都能找到属于自己的骄傲。

第三章
学校戏剧剧本创作及排演流程

校园戏剧剧本创作方法和原则

肖蓉梅

一个优秀剧本可以为一台好戏奠定基础。戏剧剧本主要是由台词和舞台提示组成，是戏剧艺术创作的文本基础，是编导与演员演出的依据。对话、独白、旁白都采用代言体，剧本中的舞台指示是以剧作者的口气来写的叙述性文字说明，包括对剧情发生的时间、地点的交代，对剧中人物的形象特征、形体动作及内心活动的描述，对场景、气氛的说明，以及对布景、灯光、音响效果等方面的要求。

校园戏剧由于其特殊的演职人员、表演场地、受众与观演关系，而具有针对性、适应性与特殊性。下面谈谈在创作校园戏剧剧本时的一些方法和原则。

一、确定立意

在校园戏剧剧本的创作过程当中，主题与立意的选择尤为关键。以社会主义核心价值观为基底创作剧本，是校园戏剧教育坚实可行的发展方向。

社会主义核心价值观12个关键词的解读：

富强——富强好比国之脊梁，挺起国家的腰杆，增进民众的福祉。旧中国备受列强欺凌，实现国家富强和人民富裕，成为近代以来中华儿女最强烈、最执着的愿望追求。

民主——中国共产党以马克思列宁主义、毛泽东思想、邓小平理论、“三个代表”重要思想、科学发展观、习近平新时代中国特色社会主义思想作为行动指南。

文明——文明就像国之大厦，凝结民族的追求，铸就国家的强盛。“观乎人文，以化成天下”，正是薪火相传的文明火种，孕育了泱泱中华五千年文明古国。“国家是文明社会的概括”，文明折射出国家发展的境界、社会进步的状态。

和谐——和谐好比国之气血，为社会补给能量，给国家增强活力。天人合一、协和万邦、和而不同，和谐蕴含了中国人的生存智慧，体现着中国人的精神基因，也昭示着中国人的社会理想。

自由——自由是社会活力之源，也是社会主义的价值理想。人的自由全面发展，是社会主义区别于其他社会形态的本质属性。

平等——平等是社会和谐稳定的压舱石，它标注了调整社会关系的基本尺度。“王侯将相，宁有种乎”？ 在中国这样一个曾经有过几千年封建专制制度的社会，对平等的渴望和呼唤，是人心深处最为激越的力量。

公正——公正是捍卫权利的天平，它是衡量社会发展的价值准绳。古往今来，人类追求的幸福生活，只能建立在公平正义的基础之上。社会主义正是在资本主义不公正的废墟上诞生的，公正作为社会主义社会的内在要求，集中体现着社会主义的制度优越性和道义感召力。

法治——法治是社会保障之盾，也是现代政治文明的核心。只有当法治成为治国理政的基本方式，自由、平等、公正才会有安全的避风港。

爱国——爱国是民族精神的核心，是对祖国的忠诚和热爱，是公民与祖国建立联系最牢固的情感纽带，也是中华民族最深层的文化基因。

敬业——敬业是职业道德的灵魂，它为个人安身立命奠定基础，为社会发展进步注入活力。正是依靠敬业奉献，中华民族创造了灿烂的文明。敬业乐业的民族，必定是令人肃然起敬的民族；缺乏敬业精神的社会，难免被人诟病和轻蔑。

诚信——诚信是公民道德的基石，既是做人做事的道德底线，也是社会运行的基本条件。现代社会不仅是物质丰裕的社会，也应是诚信有序的社会；市场经济不仅是法治经济，也应是信用经济。“人而无信，不知其可也。”失去诚信，个人就会失去立身之本，社会就会失去运行之轨。

友善——友善是公民德行的光谱，它为人际关系注入正能量，为社会和谐提供润滑剂。现代社会与传统社会的显著区别，就是人与人的交往突破了血缘地域的限制，构建起一个“陌生人社会”。在这样的社会里，“人人为我、我为人人”的亲善、互助、友爱变得尤为珍贵。

二、确定剧本结构

剧本结构是剧作者根据其想要表现的内容和主题内涵，将一系列人物和事件按轻重主次合理地进行组织安排，从而使戏剧最终达到想要的效果。

（一）结构的类型

创作校园剧本时，剧本的结构要简单明了，易于学生学习与理解。在此基础上，适当地增加戏剧化的情境与事件，增强趣味性，融合各学科的教学元素，是我们研究的重点。

在剧本结构的确立方面，我们普遍认为中小学生戏剧剧本应符合汉语言审美，以我国文学创作的重要理念“起、承、转、合”为主要的创作结构。在这里，需要强调的是，我们并不是只推崇这一种创作结构，在戏剧创作的历史长河中，弗兰泰格金字塔结构、经典三段式结构及黑格尔的冲突说等都具有普遍的创作意义与特性。但在中小学戏剧剧本的创作中，教师与学生为主要的创作主体，我们需要根据其对戏剧创作的认知提炼出主要的创作模式，同时，借鉴其他创作结构的优势将主要视角集中到学科融合上。

（二）结构的创立

戏剧的情节讲究起、承、转、合，要有事件的起因、发展、高潮和结局，每一部分需要合理的衔接，所以情节的设置尤为重要。

戏剧要有吸引人的开头，才能够吸引观众的注意力；要让观众有强烈的代入感，才能让观众的目光齐聚舞台。故事的发展和高潮部分是剧本创作的关键，故事的发展要承接背景，循序渐进地讲述故事主要内容，在合理的地方交代人物情节。

故事的高潮是最需要绞尽脑汁创作的部分。第一，要学会贯穿前后内容，突出主题，把故事内容最精彩的矛盾冲突、人物特色呈现在这部分。第二，要注意合理表达，整体布局，突出故事中最精彩的一两个情节，切忌把故事发展中的所有情节都保留，这样做会导致高潮部分变成故事内容的堆积。

结局需要用不同的形式来突出主题，给观众留下意犹未尽的感觉，如可以用开放式结局给观众留下思考等。

三、确立剧本故事

（一）借鉴国内外经典剧目作品

剧本的创作离不开戏剧先贤们的经典作品，尤其是在剧本创作结构上，我们应该多视角学习和借鉴经典作品中的精华，概括与提炼出故事的“主干”，积极地运用到校园戏剧的创作当中去。

1. 例如莎士比亚的《哈姆雷特》，在校园戏剧中被改编成了《狮子王》《王子复仇记》等。

2. 例如中国传统故事《三个和尚》，新的角色加入带来了故事情节上的递进。

（二）结合课本内容

戏剧剧本主体是文学类剧本，创作剧本时可以改编学生们最熟悉的课本中的童话故事、民间故事以及绘本等。比如：《小英雄雨来》《狐狸分奶酪》《宝葫芦的秘密》。结合主题把这些故事用戏剧的形式演绎出来，更能激发学生们的学习兴趣，培养学生自主想象的能力，也能使学生更多地理解故事背后蕴含的道理。

（三）学生身边的故事

在社会、校园、班级中，孩子们的身边每天都会发生许多有趣、有意义的故事。戏剧本就源于生活并高于生活，因此在剧本创作时可以选择身边真实的故事进行艺术创作。比如竞选班干部、如何分配午餐剩余的鸡腿、同学之间发生的矛盾等，都能成为剧本创作的素材。

四、确立剧本角色

剧本中的角色在剧本中起着决定性的作用，它与结构、事件等在剧本中占据十分重要的位置。

（一）角色的塑造

在校园剧本的编创中，角色的塑造不同于广泛的戏剧作品，在剧本创作的阶段我们应该更加关注角色的“天真”与“活泼”、“困难”与“烦恼”，概括地说，即从学生视角出发，关注学生的成长。

在角色的塑造过程中，我们应主要关注角色性格的确立、角色的心灵及角色内核的转变（命运的变化）。

（二）创作典型角色

在此过程中，我们应该更多地构建“色彩”型角色。所谓“色彩”型角色，即性格特征鲜明且呈现出发展、变化势态的角色。

与此同时，我们也应该创作大量的集体角色，要有“一群人便是一个人，一个人便是一群人”的概念，让更多的学生参与到戏剧当中去。

由于创作的是学生表演的校园戏剧，因此要让班级中的学生人人参与、个个上台，在创作剧本时，角色的数量是一个需要考虑的问题。第一，我们可以把戏剧中的道具拟人化，用演员去扮演，比如：小花、小草、垃圾桶、云朵等。第二，创设角色群。把故事中的一个角色转换成角色群，如：把一只狼转换为一群狼，把狼的台词分配给几个演员。第三，多创设群演角色，利用群演去营造氛围。

五、确定剧本当中的戏剧性

戏剧性，是戏剧艺术审美特性的集中体现，是戏剧之所以为戏剧的因素总和。在校园戏剧当中，戏剧性同样也符合该特征，尤其在我们以戏剧为手段，以教育为主要目的时，戏剧性就不单单只是为“观众”服务，更多的是要映射在戏剧创排的过程当中，予学生与教师（尤其是学生）更多的成长与收获。

（一）戏剧性的定义

戏剧性分为文学上的戏剧性与舞台上的戏剧性两类。这里我们主要讨论在校园剧本的创作过程中，如何找到并发展舞台上的戏剧性。在生活与学习中，我们常说“这件事太戏剧化了”“这一幕真的很戏剧性”，等等，其实是想表达事件是集中的、紧张的、曲折的，所以，在校园剧本创作中，我们也应秉持相同的原则，通过生动活泼、富有创造性的情节与冲突来构成演员们的行动。

（二）情景与冲突

一部戏的开始，就要构成戏剧情境，要说明故事发生的时间、地点、时代背景，介绍主要人物的情况及相互关系，交代过去发生过什么事情、人物现在的处境，等等。戏剧精彩的地方在于情节的冲突。情节冲突要张弛有度。首先，根据主题确定清晰的主线。其次，主要角色要相对独立又互相关联，情节层层深入，在故事发展中制造冲突，让角色更丰富、内容更充实。再次，主要的情节不能省略，次要的情节可一笔带过。最后，在设置冲突时，要繁简有度，关键地方巧用冲突。可以设置人物与其他角色的不同观点从而发生分歧，可以用在故事需要的地方，可以在高潮部分用对比等技巧手段。

（三）剧本中对话创作的戏剧性

在校园剧本的创作中，我们要根据情节与冲突的发展设置对话。对话不能太长，应言简意赅地表达想法。为了突出某一想法，可以巧用对话表现角色的不同想法、观点。在争论观点时，可以用多个对话让角色更丰富，令对话更具有特色和意义。往往通俗易懂的对话更能表达大道理，在结局突出故事的主旨时也可以巧用对话。

校园戏剧剧本创作流程

冉　霞　甘桔苹

一、剧本梗概

确定主要人物，并简明扼要地表述矛盾冲突和主要人物间的关系；

着重于故事的情节走向，体现剧本的总体构思；

对于某些重要细节要着重体现；

对于重要的对白，可用描述的方式将含义表现出来。

二、剧本大纲

对将剧本中故事的时代背景、社会环境、时间、地点做明确的交代；

对人物角色的思想脉络、性格特征、行为动作有清晰的考虑；

罗列出一系列重要事件构成的情节要点；

对全剧的情节疏密、起伏、气氛与节奏做出有层次且统一的完整布局；

确定开篇的重场戏、过场戏，着重于高潮点、结尾方式。

三、角色的关系

确定主要角色、次要角色、群体性角色及旁白性人物等；

校园剧本的角色要有积极的正向引导，即便是所谓的“反派”，也要有其行动的合理性；

角色之间可以有正向或反向的关系在角色关系的发展中要有角色内核的转变，即我们常说的角色“成长历程”；

事件要为塑造角色形象服务。

四、情节编织

情节贯穿线——主线、副线；

重要情节节点——能够引起观看受众情感变化的刺激点；

矛盾冲突的设计与安排——角色之间的冲突、角色与环境的冲突、内心的冲突等。

五、内容的丰富

1.完善细节，突出主题

当我们初步定稿后，首先，创作者要第一时间自行阅读，发现剧本中的不足。其次，邀请表演者和有想法的学生参与剧本的修改，请他们一起阅读并提出自己的意见和建议。最后，诚挚地邀请同行与自己一起交流探讨，重在对照主题，检阅剧本是否突出了主题，在起承转合上是否恰当，角色塑造是否需要完善以及整个故事是否合理有趣。

2.丰富形式，展现风采

我们在创作剧本时，要尽量让表现形式更丰富，可以加入朗诵、舞蹈、歌唱、乐器表演等形式。这样能让每一个学生都把自己的才能展示出来，人人成为舞台的发光者。同时还能丰富故事情节、突出主题。

3.完善道具和舞美设计

创作剧本时还要考虑道具和舞美的设计。因为表演者是学校的学生，年龄较小，所以道具尽量要少而精。道具可以于学生的生活中就近取材，可以让学生自行制作，还可以用学生的肢体表现。在舞美设计时我们要充分考虑校园场地的限制，力求简洁，让学生在任何场地都能进行表演。

六、舞台提示的完善

除角色之间的对话外，剧本中的舞台提示也是重要的组成部分。舞台提示包含环境、背景的描写，角色内心的描写，角色的行为状态，道具的运用，音乐与舞蹈的起止节点，舞台美术的要求等。

在校园剧本的创作中，舞台提示还可以包含一些对于情节或事件的提问和思考，引导学生更深刻地理解戏剧文本，体会其背后的教育目的。

七、剧本的格式

校园戏剧的剧本格式主要以话剧（现代戏剧）的剧本格式为主：场景描述要用特别的符号括起来，比如用六角括号“〔〕”标记；台词另起一行，如果台词中需要标注角色的表演情绪，就要用圆括号“（）”括起来；其他要求，如对美术、灯光、音效有特殊要求，一般另起一行，用方括号“[]”标记。

例：

《森林的夜晚》

时 间：夜晚

地　点:森林

人　物:小　鹿——活泼可爱,但十分胆小。

小黑熊——善良憨厚、乐于助人,是森林的小小守卫。

大灰狼——贪婪成性,最喜欢欺负森林中其他的小动物。

第一幕

第一场

〔夜幕降临,漫天的星光照亮了森林的一角〕

〔舞台上,一束黄色的光点亮了小鹿的家〕

小黑熊:(疲惫地)你怎么还不睡觉?小心第二天早上会出现大大的黑眼圈。

小　鹿:(小心翼翼地)我不敢睡觉,我怕大灰狼又来抓我。

[一声狼嚎]

〔大灰狼们从舞台的上场口登场,它们张牙舞爪,朝着小鹿的方向走去〕

小　鹿:(恐惧地)大灰狼!

…………

因校园戏剧的特殊性,我们在创作校园戏剧剧本时还要注意以下几点:一是主题的正确性。因为创作出来的校园戏剧具有很强的教育功能,所以戏剧所表现的主题必须具有正确的价值观和人生观,引导学生走向乐观、积极向上的正面道路。二是内容和形式要符合年龄特点。因为学生的注意力和表现力均有限,所以校园戏剧在形式上要生动、有趣,另外时间不宜太长,情节不能过于复杂,避免演员记不住台词导致的演出困难。三是尽量让学生全程参与。从选择素材、编写剧本到演出戏剧,都让学生参与其中,学生不仅充当演员,更是编剧、导演、道具制作者。如此一来,学生的综合素养得到提升,社会主义核心价值观也潜移默化地走进了学生的生活与内心。

校园剧目排演方法与原则

冉　霞　甘桔苹

一、导演小组的建立与工作方法

(一)校园戏剧中导演小组的确立

在戏剧创作过程中,导演是必不可少的,相同地,校园戏剧的创作也同样要有这样一名导演。但是,与戏剧艺术创作不同的是,校园戏剧的"导演"并非专业的导演,更多的是一个整体性的创意执行部门,所以,校园戏剧创作主要采用由多人组成导演小组的模式。其中,导演小组可以完全由教师队伍组成,也可以全部由学生组成,还可以由教师与学生搭档组成。

1.以教师为核心

在校园戏剧中,以教师为核心的导演小组是主要模式。该模式下,导演小组的成员来自各个学科的优秀教师。他们发挥各自学科的优势,通过讨论与实践完成校园剧目的排演。

2.以学生为核心

在校园戏剧中,以学生为核心的导演小组是次要模式。作为校园戏剧的主体,其中不乏有想象力丰富、敢于表达、愿意深入创作的学生,作为教育者,我们当然要充分发挥这些孩子的潜力。适当地建立以学生为核心的导演小组是一条必经之路,甚至可以说是我们的最终"目标",但是,这也意味着教师团队需要有更多的专业知识与智慧,能梳理学生天马行空的想法并将其落地实行,所以,我们将更深入地讨论在校园戏剧中导演到底要怎么做,又要做些什么。

(二)导演的职能

从某种角度来说,导演的职业特点与教师的职业特点有着许多的共同之处,如引导性、启发性、组织性等,但是总的来说,校园戏剧的"导演"并不是真正意义上的导演,其需要通过排演,形成师生之间的教育枢纽。借助戏剧中导演的工作职能,我们也为校园戏剧导演的内涵概括出三个关键词:教育者、镜子、组织者。其中,每个教育工作者对教育者与镜子的功能定位并不陌生,教书育人、以身作则是每个教育工作者的基本操守，但在与戏剧艺术融合的过程中，如何“组织”出一部好的戏剧作品，导演应该从以下几方面进行把握。

1.组织舞台行动

戏剧的进展是由许多事件、纠葛引发的，行动也是由事件引起并受其推动向前发展的，舞台行动的展开又引发出新的事件。那么，我们究竟该如何组织舞台行动呢?

（1）分析、寻找、归纳学生饰演的角色在剧本中准确有效的行为与动作；

（2）创造和组织剧本中的冲突以及角色行动的具体环节与层次；

（3）融合多种艺术形式，处理好外部冲突不够鲜明的戏剧场面；

（4）创造性地处理角色的语言行动与形体行动；

（5）帮助学生通过寻找、组织舞台行动来体会与塑造角色。

2.组织舞台调度

通过在舞台（这里的舞台并非广泛意义上的舞台，而是讲台、礼堂、操场等）上一系列运动着的视觉画面的组合去展现校园戏剧作品中所表达的教育含义。

（1）舞台调度、排演要源于生活，还原学生所能理解的生活场景与场面；

（2）在排演过程中提出有趣的创意，激发学生演员的想象力，吸引学生与教师共同探索舞台调度的各种形式；

（3）导演小组要帮助学生演员在相互行动中发现组织舞台调度的形式，使学生饰演的角色内心体验视觉形象化；

（4）把握重要的舞台瞬间，寻找恰当的造型形式予以表现；

（5）凭借大小道具组织舞台调度；

（6）凭借对舞台空间的挖掘、处理而组织舞台调度；

（7）着重于处理多名学生演员构成的场面调度，把握整体的行动与个体反应的统一。

3.把握舞台节奏与气氛

在排演时，导演需通过角色的行动、角色的情感、矛盾冲突来把握舞台节奏与气氛。其目的是通过教师与学生、学生与学生之间综合的创作，如视觉、听觉的综合效果，将教育的目的传达给表演者本身以及观看的受众。

（1）学生扮演的角色以及角色的舞台调度共同构成基础的舞台节奏与气氛；

（2）运用音乐及视觉因素来补充舞台的节奏气氛；

(3)运用行动的运动与静止、积极与消极，矛盾冲突的激烈与舒缓、紧张与松弛，戏剧场面的大与小，色彩的冷与暖、明与暗，角色心情的轻松与紧张等对比手段来准确地形成舞台最终的节奏与气氛。

4.导演构思

导演小组的构思是校园戏剧创作当中的中心环节，更是教育者即将在戏剧当中埋下育人种子的重要过程。所以，导演小组在确立后，应快速根据戏剧文本依照顺序进行如下的讨论与梳理。

(1)演出的现实意义和最高任务；

(2)确定演出的形象种子；

(3)确定全剧演出的总体处理原则；

(4)对学生饰演的角色形象、关系进行解释与处理；

(5)确定舞台布景和其他舞台美术因素(灯光、服装、化装、道具)的处理原则；

(6)确定音乐与音响效果等听觉因素的处理原则；

(7)确定形体动作、舞蹈和舞台调度的处理原则；

(8)确定全剧演出的总体节奏和舞台气氛；

(9)确定剧本删改的原则；

(10)重点场次的预见。

二、舞台美术

(一)舞台布景

校园戏剧不同于广泛意义上的戏剧艺术，但即便是广泛意义上的戏剧艺术，也对舞台的布景提出了自然、融合、共生、共创等全新要求，这也就意味着舞台的布景可以是多样化的、源自我们生活的。例如操场的足球球门、校园角落的一棵枇杷树等都可以成为舞台的布景。

1.简易的舞台布景

在校园里表演戏剧时，舞台上的一切视觉与听觉都对我们的教育工作者提出了更高并且全新的要求。这并不是说要将所有的美学元素都通过戏剧来传递和表达，而是可以通过简易的舞台布置引导并吸引学生，从而达到教育的目的。

舞台布景要有指导思想，还要有承载美学元素的载体，比如布、纸、纸箱、木板、棍子、绳子等我们生活中常见的物件。

2.舞台上LED屏幕背景

在校园中,标准的戏剧舞台并不常见,大多数是以学校的报告厅、会议室及带有LED(发光二极管)屏幕的舞台作为表演场所。在实践中,带有LED屏幕的舞台就是舞台布景的主要载体。我们可以通过以下制作流程来布置LED屏幕背景。

(1)确定戏剧主题;

(2)寻找合适的背景及音乐素材;

(3)PPT剪辑与音乐剪辑;

(4)根据幕间要求制作转场动画效果;

(5)根据戏剧情节制作特效效果;

(6)调色;

(7)添加音效、文字、字幕、片头、片尾;

(8)录制音频和PPT视频;

(9)合成音视频,加音乐、音效或其他视频;

(10)导出成片。

3.环境布景

我们要牢记,在校园戏剧的创排中,教育始终是我们的第一要务。我们想为学生们带来的是想象力、创造力、思考能力等方面的全面发展,所以在舞台布景当中,我们可以发挥师生共创的主观能动性,根据校园的场地来选择我们的舞台,装扮我们的舞台。

在这里,我们强烈建议校园戏剧不要将室内场所作为唯一的舞台,而是要将目光与视角放在美丽校园中的每一个角落。戏剧表演可以发生在操场上、树荫下、走廊里、课桌上。

(二)舞台灯光

戏剧场景的基调和氛围都和灯光有关,在某些情况下,灯光调节的唯一目标是看清一个或多个物体,但现实可能会复杂得多。灯光有助于表达情感,或者将观众的视线引导到一个有特色的位置,或者给观众形成一种特殊的视觉效果,还可以使场景更有深度,更有层次感,所以灯光设计应考虑戏剧场景应该达到的基调和氛围。

1.舞台灯光设计的目的与功能

(1)使舞台画面更清晰:使观众能够看清演出或舞台的某些角落;

(2)加强舞台表演的效果:符合剧情需要,使背景显得自然,对剧情发展起到衬托、暗示和诱导作用，调节气氛（演员、观众）。

2. 舞台灯光设计与应用原则

（1）强度（指灯光的亮度）：必须有足够的灯光，使观众能够看到颜色、外表和细节；

（2）分配：包括灯光的使用分配和射向舞台的方向分配，主角/主体必须与配角/背景有明显不同的灯光；

（3）颜色：依靠色纸、电脑调色等来满足剧情的颜色需要；

（4）变化：依剧情需要，调整灯光的颜色、亮度、运动轨迹。

3. 舞台灯光在场景的运用

（1）关键光：关键光是场景中最重要的光源，它不一定只是光源，也不一定像光源一样只固定在一个地方；

（2）补充光：补充光多用于填充场景的暗区和阴影区，可以提供景深，加深真实感；

（3）环境光：环境光之所以重要，部分原因是它提高了整个场景的亮度，但是大多数渲染器的环境光是统一应用于整个场景的，降低了场景的整体亮度，无法对被照物体进行任何光影建模，使得场景看起来不真实；

（4）背景光：背景光通常被用作“边缘光”，通过照亮物体的边缘，将目标物体与背景形成分离效果。其作用在物体边缘，会形成小的反射高光区域，这个高光会让物体增加场景的真实可信度。

（三）戏剧服装

1. 服装要求

（1）根据角色特点选择服装样式；

（2）符合角色性格，体现舞台整体性；

（3）特殊造型要有视觉冲击力和表现力；

（4）有利于演员在舞台上活动自如；

（5）所有角色服装风格统一；

（6）与时代发展背景相符合；

（7）与舞台灯光相协调。

2. 服装制作与购买

（1）网购或租赁：在网络购物平台或实体服装店购买或租借适合的服装；

（2）旧物改造利用：将旧的衣物剪短或根据剧情加补丁、改颜色等；

（3）动手制作：如体现环保主题的剧目可以用报纸、塑料纸等制作服装，用铁丝、边角布料或卡纸制作领结、发饰、发箍等；

（4）现有服装利用：如学生、老师、父母、警察等角色，可根据时代特征用现有的服装演出。

（四）角色妆容

化装可以塑造演员独特的外貌，增强表演效果，可搭配灯光，呈现出丰富的艺术效果。对于学生们来说，一个富有“戏剧性”的妆容能够激发他们创作与表现的欲望。

利用色彩烘托人物性格，运用红、黄、蓝、白、黑这几种色彩鲜明、对比强烈的颜色作为主要基调，如红脸的关公、黑脸的张飞、白脸的曹操等京剧脸谱，图案对称，线条大胆，通过颜色就能区分角色的人物性格。

同样色系的妆容，也需要有不同的地方，这就需要设计符合角色形象的图案，来刻画不同的人物性格。

在校园戏剧妆容设计中，我们除了在脸上直接妆造（指妆容的创造，化妆界一个新的“术语”）、绘画外，还可以用彩泥、水彩笔、彩色卡纸做成面具蒙在脸上。

（五）道具制作

应根据剧情需要准备相应的道具：

（1）大道具：桌椅、沙发、柜子、床、大树、假山等，可反复使用生活中的物品；

（2）小道具：小草、栅栏、窗户、电视、小摆设等可用较硬的纸板制作；

（3）头饰道具：可用卡纸结合绘画制作头饰；

（4）具有年代感的道具：铡刀、马灯、长条凳等可以制作或购买。

三、舞台音乐与音响

校园戏剧演出中的舞台音乐与舞台音响以听觉化的艺术手段来呈现故事的情境，揭示角色的内心世界，达到总体艺术效果。舞台音乐主要有“现实性音乐”“假定性音乐”，以及在具体艺术处理中将二者糅合、互换、交替使用的混合型音乐。舞台音响主要指在戏剧演出中运用技术手段对自然界和社会生活中的声音进行艺术再现，例如风声、雨声、车流声、枪声、开门声等。

（一）舞台音乐的结构形式

1.序曲

序曲指概括性地预示全剧的情节结构、情绪色彩、基本思想、演出风格等的舞台音乐。

2.幕间曲

幕间曲指根据剧情发展、转换时间及场景的需要，将两个场景的间隙有机连接起来，不仅能对上一场戏进行概括，还能预示下一场戏的情节与冲突的舞台音乐。

3.结束曲

结束曲指概括性地揭示角色的结局，强化观众对全剧的感受的舞台音乐。

4.主导性旋律

主导性旋律指反映戏剧演出的特定主题思想、角色的性格特征，可重复出现，或以不同的音乐形式递进使用的舞台音乐。

（二）舞台音乐的制作与选择

在舞台音乐的表现上，我们可以借鉴戏剧、音乐剧及中国传统戏曲的音乐使用方式，使用独唱、合唱、对唱等多种方式来作为戏剧当中的音乐手段。同时，我们要以中小学教育阶段的音乐学习方向为主要指导方向，将其融入剧目的演出中，增强学生们对音乐的学习兴趣和增添审美情趣。

（三）舞台音乐及音响的录制

在校园戏剧中，舞台上的音乐多以“假定性音乐”为主，在这里，我们并不是为了演出效果的完美而选择“假唱”，而是需要明确参与表演的学生并非专业的演员，更不是经验丰富的歌唱家，所以为了达到演出的预期效果，我们可以组织学生提前进行音乐录制，让学生体验创作过程中多门类艺术的融合过程，打破艺术门类之间的“陌生”壁垒，带给学生们更加包容与综合的教育体验。

四、校园剧目排演流程

1.剧目排演流程

（1）第一阶段

①剧本的选择

根据演出要求、活动类目或是指导老师建议，准确地选择剧本，如有必要编剧阶段的老师和同学可以进行适当的修改与调整。

②导演的案头工作

由经验丰富的指导老师或者小组担任导演工作，导演应对“演出的现实意义”“演出的形象种子”“演出的总体处理原则”“演出的艺术性及教育意义”等方面形成深刻、清晰的认识。

③演员的选拔

导演应秉持“自愿、热爱、擅长”的原则，挑选合适的学生演员，并发放剧本，分配角色。至此完成了排演流程的第一阶段。

(2)第二阶段

①舞美的确立

根据剧目及演出规格确定舞台美术，包含布景、灯光、服装、化装等。校园剧目应简化舞台美术，在“小而美，美而精”的原则下，让学生或师生共同设计大道具、小道具、背景图片及视频、演出服及妆容等。

②音乐的设计

根据剧目确定音乐与音响。戏剧舞台音乐需起到呈现戏剧情境、创造舞台形象、揭示演出思想等作用。

③制定排练制度

安排排练时间、排练纪律、排练批次，完成排演流程的第二阶段。

(3)第三阶段

①建组

由指导老师或小组带领学生们精读剧本，分析、讨论剧本，对剧本和所扮演的人物形象进行全面而细致的分析，深刻理解剧本的思想内涵、艺术特性和教育意义。

②坐排

在学生对剧本及自己饰演的角色已有基本了解的前提下，在指导老师或小组的组织下大家围坐在一起，带感情地朗读剧本。

③粗排

指导老师或小组组织学生，通过肢体(行动)、台词(语言)及走位与调度构建戏剧的整体框架，全剧通排一次。

④细排

分场次细致排练，调整打磨演员们的肢体(行动)动作、台词(语言)、表情神态。通过引导让学生们了解到自己饰演的角色在“做什么、为什么、怎么做”，把握整体的戏剧节奏与戏剧氛围。

⑤剧场合成（彩排）

声、光、电、服、化、道全体就位，以演出的标准进行最后的排练。

⑥演出

由此完成了排演的第三阶段，也是最后的阶段。

2.演出当天工作细节

（1）全体演员、工作人员集中点名并确认分工；

（2）演出前激励信心，提醒纪律；

（3）场务等工作人员到岗到位，检查好灯光、音响设备；

（4）确认上、下通道顺畅；

（5）清点道具（备用道具），有序摆放；

（6）演出上、下道具提醒；

（7）提前编号、调试演员耳麦，调整话筒音量；

（8）演出前检查好演员妆发、服装。

实　践　篇

Practice

社会主义核心价值观剧本
——爱国

从小跟党走

【剧本说】

党的二十大召开前夕，各行各业都开展了“喜迎党的二十大”庆祝活动。为了让同学们更好地了解党的历史，培养同学们的爱国情感，老师带领同学们查阅党史、了解党史、走访党员、参观革命烈士纪念馆等，积累了剧本素材；通过班级研讨确定了剧本内容和主旨——把同学们学党史、知党史的过程演出来，演自己的故事。同学们通过本次学党史活动更加明白了作为新时代的少年就应该学习党的历史，一颗童心永向党，永远跟党走。剧本《从小跟党走》的出炉就是基于这样的背景。

地　点　学校

人　物　班长(1人)

宣传委员(1人)

学习委员(1人)

王老师(1人)

巡捕(2人)

中年男子(1人)

李汉俊(1人)

毛泽东(1人)

【剧　本】

班　长　伙伴们，快过来！“童心向党，喜迎党的二十大”主题班会马上就要开始了，你们准备得怎么样啊？

学习委员　　“春风阵阵吹心窝哩，赛罗赛 赛罗赛 我向党来唱支歌哩 赛罗赛 赛罗赛……”我刚从我妈妈那儿学的歌，怎么样？

班　　长　　好听，好听，我也想学。

学习委员　　哈哈，我准备在主题班会上教同学们唱，你们看行不行？

班　　长　　好主意！宣传委员，你的呢？

宣传委员　　班长，我，我……周末我爸给我布置的作业太多了，我还在赶作业呢，还没准备！

学习委员　　唉，都“双减”了，你爸还这样啊。我现在周末就轻松快乐多了，可以做自己喜欢的事了。

宣传委员　　唉，说是为了我好，说将来考上重点中学就意味着考上好的大学，还说党史将来再学也不迟。算了，我这次就不参加这个活动了。

学习委员　　你，你，你……临阵脱逃，算不了好汉！

宣传委员　　好汉，作业做不完被我爸揍，那才叫一个“好汉”。我还是写作业去了。

学习委员　　嘿，嘿，别走啊！我听我爷爷说，党的历史是十分重要的，学习党史也是一项很重要的作业。你作为班级的宣传委员更要带头学呢！

班　　长　　是的，你不能临阵脱逃，要不你给同学们讲一讲中国共产党成立的故事，或者讲一位革命先烈的故事，你看怎样？

宣传委员　　可是班长，后天主题班会就要开始了，时间这么紧，我到哪里找素材呢？

班　　长　　这个，我早想好了！王老师是老党员，听说他还将作为优秀党员代表参加今年下半年在北京举行的中国共产党第二十次全国代表大会呢！他对党的历史可了解啦！

宣传委员　　真的啊，太好了！那我们赶紧找王老师去。

〔三位同学来到王老师办公室〕

班　　长　　王老师，我们在准备“童心向党，喜迎党的二十大”主题班会，对党的历史了解不多，您能给我们讲讲吗？

王 老 师　　说起中国共产党的历史，那可长啦，你们具体想了解哪一段历史呢？

学习委员　　王老师，我想知道中国共产党是怎么成立的？

宣传委员　　对对对，王老师，对党的这段历史，我也很好奇呢。

王 老 师　　孩子们，1921 年 7月23 日，中国共产党第一次全国代表大会在上海望志路106号召开……

班　　长　　老师，我看过电影《1921》，我知道他们开会的时候有人闯进来，不得不换地方。

王老师　是这样的。7月30日晚上,中国共产党第一次全国代表大会第六次会议正在进行,突然,一个穿灰色粗布长衫的中年男子闯人,朝室内东张西望……

[黑光]

[转场]

〔上海望志路106号,党的一大第六次会议正在召开〕

李汉俊　你找谁?

中年男子　嗯……我找社联的王主席。

毛泽东　这里没有王主席。

中年男子　那,我走错门儿了,不好意思你们继续,继续……

马林　不对,看他行色匆匆,此人会不会是“包打听”?

〔众人迅速收拾文件,从前门分散而走,一刻钟不到,法租界巡捕房警车开来〕

巡捕1　为什么开会?

李汉俊　我们正在编辑现代丛书,刚才是工作讨论。

巡捕1　工作讨论? 谁是负责人?

李汉俊　长官好,在下是负责人。

巡捕2　为什么有这么多社会主义书籍?

李汉俊　我是商务印书馆的,什么书都需要。

巡捕1　那两个外国人是谁?

李汉俊　那两位先生是英国人,是北大教授。

〔巡捕房的人把房间翻了个底朝天,无果,只能悻悻而去〕

〔老师画外音:漫长的两个小时,李汉俊等人紧张得汗流浃背,因为大家激烈讨论的那份党纲草稿就放在桌边的抽屉里,只不过因为涂改太乱而被巡捕们漏掉了。此后,在李达夫人王会悟的提议下,最后一天的会议转移到嘉兴南湖的一条游船上〕

[黑光]

[转场]

〔朗诵起:一条游船

劈开了南湖的波浪

十几个热血青年

在运筹一个红色的理想

…………

100年前的中国革命
就从这太阳升起的地方起航

…………

井冈峰顶
遵义城头
延安宝塔
西柏坡……
每一处革命圣地
都是一座闪亮的航标
为一次次伟大的行动导航
跟着那条船的路线
千万条船

…………

从赤水
从洪湖……
从黄河
从长江……
云集一支庞大的队伍
演奏出东方红的合唱
雄鸡一样形状的土地
终于发出了黎明的报晓

…………

一代又一代掌舵人
开辟的一条中国特色的航线
把我们的航程
永远指向太阳的方向

——节选自孙文路:《红船,从南湖启航》,《山东第一医科大学报》2021年7月8日第4版〕

[黑光]

[转场]

班　　长	王老师,谢谢您,了解党的这段历史对我们准备这次的主题班会非常有用。
宣传委员	太惊险了,党的一大能成功召开太不容易了。从今天起我要好好学习党的历史,像王老师您一样讲好党的故事。
王 老 师	要讲好党的故事也不容易哦!
宣传委员	听了您的介绍,我决定给同学们好好讲一讲中国共产党成立的故事。
学习委员	讲好党的故事就交给你了哦!
宣传委员	没问题,我先回去给我爸讲,争取他的支持,后天的班会就看我的吧!
众人(齐)	加油!看你的!

〔众人笑起来,开始了主题班会的忙碌准备工作〕

【大家评】

学生刘玮烨	在剧中我饰演了学习委员,第一次演主角,心里有些忐忑,经过一次次排练,站在舞台中央的我知道了要演好一个角色真不容易。为了解党的历史,我除了查阅资料外,还向外公、爸爸等党员请教,还观看了电影《1921》、电视剧《觉醒年代》等,知道了现在的生活来之不易,一定要好好学习,长大了为建设民主、富强的祖国贡献力量。
胡可馨妈妈	今年最开心的是孩子自己尝试创作剧本来演自己的故事,整个过程收获满满:会写剧本了,站在舞台上更自信了,知道要演好一个角色除了研读剧本外还要去了解剧本背后的故事。孩子们站在台上再现党的第一次全国代表大会第六次会议的场景时,爱国、责任、担当写在他们每个人的脸上。这样的戏剧节对孩子的教育是无痕的,影响是终身的。

原创剧本

编剧:孙兴莉

红　船

【剧本说】

百年征程波澜壮阔，百年初心历久弥坚。为了让同学们更好地了解党的奋斗历史，继承建党精神，传承红色基因，培养爱国情怀，老师带领同学们查阅党史资料，观看红色电影、剧目，采访党员同志，积累剧本素材。通过班级研讨，大家确定了剧本内容：以“红船会议”为故事蓝本，以“红船扬帆”“乘风破浪”“走向复兴”三幕演绎从党的一大到党的二十大召开的百年辉煌历程，把党成立的艰辛不易演出来，传承发扬好“红船精神”。同学们通过本次剧目的创作与演绎，了解了“红船”的故事，领悟了以“开天辟地、敢为人先的首创精神；坚定理想、百折不挠的奋斗精神；以立党为公、忠诚为民的奉献精神”为内涵的“红船精神”，明白了践行“红船精神”、牢记时代使命、做合格接班人的道理。

地　点　　嘉兴南湖

人　物　　老师（1人）

与会代表（12人）

王会悟（1人）

警察（2人）

宇航员（5人）

医护工作者（5人）

特警（5人）

解放军（5人）

学生（9人）

红军雕塑（7人）

科学家（5人）

【剧　本】

第一幕　红船扬帆

〔1921年7月，党的第一次全国代表大会在上海秘密举行，因遭到上海法租界巡捕密探的袭扰，会议被迫中断，临时转移至上海嘉兴的一条游船上，举行最后一天的会议〕

[定点灯光照亮撑伞的王会悟（四处观察）]

[全场灯光亮起，演员围坐一起]

代表A　　同志们，现在到了最重要的时刻，讨论最后一项议题，选举党的中央领导机构，根据民主原则，我们将选举产生中国共产党中央局成员。

代表B　　经过投票，陈独秀、张国焘、李达三位同志当选为中央局成员，陈独秀同志当选为中央局书记。

代表C　　同志们，我想朗诵一段《共产党宣言》，来表达我此刻激动的心情。“共产党人从来不屑于隐瞒自己的观点和意图。他们公开地宣布，他们的目的就是要通过暴力的手段推翻现有的社会制度。”

代表D　　让统治阶级在共产主义革命面前发抖吧！

代表E　　无产者在这个革命中失去的只是锁链，他们获得的将是整个世界！

代表F　　全世界无产者联合起来！

众　　人　　全世界无产者联合起来！

代表G　　全世界无产者联合起来！

众　　人　　全世界无产者 全世界无产者 联合起来！

第二幕　乘风破浪

〔1949年4月下旬，长江防线被突破后，驻嘉兴的国民党军队加紧修筑工事，准备负隅顽抗，并准备大肆破坏城市，阴谋挑起国际事端，促使帝国主义进行武装干涉〕

[灯光亮起，身着民国时期服装的学生上场游行]

学生A　　停止轰炸，还我学堂！

众　　人　停止轰炸,还我学堂……(一颗炸弹落下,同学们四处躲避)

学 生 B　我们还是回去吧,如今世道这么不太平,我们……

学 生 C　说什么呢?要是谁都像你这样贪生怕死,谁来拯救我们的国家!

学 生 D　快来人啊,陈美芝同学被炸伤了!

〔学生E/F/G跑过去查看伤势〕

〔解放军A上场〕

解放军A　同学们,你们没事吧?

学 生 H　解放军同志,我们有一位同学被炸伤了!

解放军A　让我看看!(查看一番伤势)

解放军A　大海、铁柱,带受伤的同学去治疗!

大海、铁柱　是!

解放军A　嘎子、陈江,掩护其他同学到安全的地方!

嘎子、陈江　是!

解放军A　其他人,跟我绕到敌人后方!

所有解放军　是!

〔一阵激战后,定格成雕塑〕

第三幕　走向复兴

〔背景为红船博物馆〕

老　　师　从党的一大到党的二十大,百年巨变,不变的是中国共产党为了建设美好新中国的初心,这也是红船精神的延续与发扬。好了,今天的讲解到这里就结束了,接下来是自由参观时间!

现代学生1　老师,这些雕像都是谁?

老　　师　他们啊,都是嘉兴的英雄烈士!没有他们和千千万万的解放军战士,我们就不会有现在的幸福生活!同学们,知道了吗?

所有现代学生　知道了,老师!

〔我们的党从小红船里诞生并从这里扬帆起航、星火燎原。小小游船,承载千钧!开天辟地、敢为人先的红船精神也一直激励和鼓舞着我们创造出一个个奇迹,铸就现在的美好生活。(所有人上台)〕

特　　警　　我们是共产党员，我们是特警，面对黑恶势力，我们是国家和人民的守护者。

科 学 家　　我们是共产党员，我们是科学家，攻坚克难、敢为人先，科技强国是我们的使命。

医护工作者　　我们是共产党员，我们是医务工作者，面对疫情，我们迎难而上，丝毫不惧。

宇 航 员　　我们是宇航员，我们在“天宫”等待你的到来，一起探寻宇宙的奥秘。

〔生命与时代崇高的责任联系在一起，方得永垂不朽。这只小小的红船，也将载着希望驶向更加美好的未来！〕

众　　人　　我们要努力践行红船精神，牢记时代使命，做一名合格的接班人。

【大家评】

学生李晨帆　　为了演好我自己的角色，我和妈妈一起阅读了很多有关中国共产党的故事。我知道咱们今天的幸福生活是革命先辈们用鲜血和生命换来的。我要努力学习，继承好“红船精神”，当一名合格的社会主义接班人。

学生刘一诺　　我饰演的是王会悟，她是党的第一次全国代表大会参会人员中唯一的女性。通过了解她的事迹，我知道了当时举办党的第一次全国代表大会是多么不容易。通过这次戏剧表演，我还明白了在戏剧表演中要演好自己的角色，要做好声、台、形、表等，我喜欢戏剧表演。

曾歆喻妈妈　　孩子在这次戏剧节中了解、学习了不少和戏剧表演有关的知识。在创作、演绎的过程中孩子的表达、想象、组织等各项能力都得到了锻炼和发展。金州小学戏剧教育“每个孩子都可以站在舞台中央，每个孩子都值得被看见”的理念是我很喜欢和支持的。在孩子的童年生涯中能够有这样被“看见的”时刻是十分宝贵的。

原创剧本

编剧：陈　文

山河无恙,吾辈自强

【剧本说】

当一部部抗美援朝的电影逐渐走进孩子的视野时,他们常常会发出疑问:为什么朝鲜离中国那么远,志愿军却要去那里打仗?为什么志愿军战士们饿了不能吃米饭,冷了不能穿棉袄?那段历史,一些成年人是清楚的,而对于只有七八岁的孩子,可能会比较陌生。而抗美援朝精神就藏在这些问题中,敢于斗争、勇于牺牲,在斗争中求生存、获发展、赢胜利的抗美援朝精神也需要这群七八岁的孩子来继承。于是,剧本《山河无恙,吾辈自强》诞生了。在创作过程中,我们一起阅读了多本关于抗美援朝的书,观看了关于那段历史的影片。孩子从内心走进历史,走进剧本,走进角色。

地　点　　朝鲜战场

人　物　　小中(1人)

爷爷(1人)

卖报人(1人)

大妈(3人)

大叔(1人)

母亲(1人)

建国(1人)

朝鲜妇女(4人)

小李(1人)

小张(1人)

班长(1人)

士兵(9人)

小孩(3人)

【剧　本】

［新闻播报背景音］

小　中　爷爷，爷爷！

爷　爷　唉，慢点跑，慢点跑！（步履蹒跚）

［飞机掠过天空的声音］

爷　爷　70年了，兄弟们，你们终于回来了。（仰望天空定格）

［背景音乐起］

小　中　这是我的爷爷，他是一名光荣的抗美援朝志愿军战士，今天，我想给大家讲讲我爷爷的故事。那是1950的秋天……

〔村口〕

卖报人　号外号外！美军无视我方警告，执意越过“三八线”。

大妈1　听说了吗？党中央决定出兵增援朝鲜了！

大妈2　听说了，听说了，美帝国主义妄图通过攻占朝鲜把魔爪伸向我们新中国。

大叔1　老张家的建国据说已经报名了！

大妈3　那孩子可是咱们村的骄傲啊，抗日那会儿在部队屡立战功。

大妈1　没错，毛主席还亲自表彰过他呢！

〔建国家〕

母　亲　上面通知了吗？几号出发？

建　国　嗯，确定了，明天就动身。

母　亲　儿啊，你爹走得早，娘一个人把你拉扯大，娘不求你大富大贵，但求你能平安，抗美援朝是有利家国和子孙后代的事，这是好事，但你要答应娘，平平安安地回来啊！

建　国　记住了，娘！我非得让美帝国主义知道挑衅我们中国的后果。

〔母亲走向床边，拿出一条围巾〕

母　亲　隔壁王婶儿和村口李大妈送给我毛线，娘紧赶慢赶，给你织成了这条围巾，朝鲜的冬天很冷，我儿要注意身体。

小　中　就这样，我的爷爷和他的战友们翻过长城，跨过鸭绿江，向抗美援朝一线进发。

爷　爷　战争是残酷的，在战场上，我的战友一个个在我面前倒下，但为了国家的未来，我们无所畏惧。

朝鲜妇女1　　志愿军战士，等等！

建　　国　　大妈，你们怎么来了？

朝鲜妇女2　　你们就要去往下一个阵地了，我们来送送你们！

朝鲜妇女3　　中国军人都是好样的，我们要谢谢你们啊！

小　　李　　大妈，您这话说的，您为了掩护我们伤员撤退，被敌人打伤，现在都还没好，是我们要谢谢你们呀！

〔朝鲜小朋友跑上台〕

小孩1　　叔叔，叔叔！等等我们！

小孩2　　叔叔，你们要走了吗？可不可以留下来？

小　　张　　孩子，我们还没有把美国人赶出朝鲜，所以我们不能留下，等赶走他们，叔叔们在回国之前再来看望你们！

小孩3　　叔叔，我们给你们带了些干粮，给您！

建　　国　　不用了，不用了！

朝鲜妇女4　　您就收下吧，吃饱了才有力气打仗啊！

建　　国　　好，谢谢大妈们，谢谢孩子们！兄弟们，吃完我们继续战斗！

小李/小张　　好！

〔志愿军们上场，打仗场景〕

士兵1　　班长，敌人的火力太猛烈了，咱们怕是顶不了多久了！

班　　长　　增援部队还有多久到？

士兵1　　至少还有一个小时。

班　　长　　我们现在还有多少人可以战斗？

士兵2　　20余人。

班　　长　　足够了，只要我们守住这个高地，就算全班都牺牲，也是值得的！

士兵3　　班长，我们的弹药也快用完了！

班　　长　　钢铁一班的战士们，从现在开始，节省弹药，都给我瞄准了打！

士兵(合)　　是！

〔士兵们依次倒下〕

班　　长　　这样下去可不好！建国，你掩护我，我绕到敌人后方，炸了他们的高射炮！

建　　国　　是，班长！

班　　长　　对了，这是我家的地址，如果我牺牲了，告诉我儿子，他的父亲是英雄！

建　　国　　不，班长，让我去吧！

士 兵 4　　班长，我去吧！

士 兵 5　　班长，我去吧！

班　　长　　你们都别争了，这是命令！建国，掩护！

建　　国　　是！

〔激烈打仗中〕

[炸弹爆炸]

建　　国　　班长！

士兵(合)　　班长！！！

[增援部队冲锋号响起]

〔建国和幸存的战友望向远方〕

〔这就是我爷爷的故事，他经常给我说：我们把该打的仗都打完了，我们的后代就不用打仗了！山河无恙，吾辈当自强！(边说，朗诵团边上场)〕

士 兵 6　　我是一名光荣的志愿军战士，我爱我的祖国和亲人，更爱我的荣誉。

士兵(合)　　只有停止呼吸，才会停止战斗。

士 兵 1　　坚强不屈的你，紧握钢枪，用浩然正义，用热血之躯，从不曾退缩，奋勇向前方。

士 兵 2　　平时是笑容洋溢的少年，战场上是英勇顽强的战士。

士 兵 3　　你们都是英雄……

士 兵 4　　一代人受了五代人的苦。

士 兵 5　　一代人立了五代人的功。

士兵(合)　　以青春无悔，换山河无恙，巍巍雪山魂，异乡埋忠骨。

士 兵 6　　雪地中跃起的身影，是新生国家的铮铮铁骨。

士 兵 7　　火线上涌动的铁流，是古老民族的不屈灵魂。

士 兵 8　　鲜血浸透在朝鲜战场的雪地上，悲伤的记忆飘浮在虚无的空间。

士 兵 9　　化虚为实的呼喊，怎能读懂风雪的孤寒。思乡的泪，整整流了七十年。

全部(合)　　故乡的小调，哼唱了七十年。

【大家评】

李贤老师

在金州，我们每一名孩子都值得站上舞台，被所有人看见，这部剧也是如此，全班43名孩子参演，人人有角色，人人有舞台。从这部剧的选角到排练，再到最后站上戏剧舞台，每一名孩子都有很大的进步——从最开始选角时不敢说话到最后站上舞台自信表达，从最开始排练时找不到位置的慌张无措到最后站上舞台的落落大方，从最开始对抗美援朝这段历史充满疑问到最后站上舞台眼里噙满泪水。教无痕，育无声，戏剧是孩子成长路上必不可少的良师。

原创剧本

编剧：李　贤

社会主义核心价值观剧本——敬业

不忘初心

【剧本说】

《不忘初心》共分四场，是根据才踏上教育岗位的年轻班主任的系列故事创编而成的音乐剧。主人翁张星大学毕业后，怀揣着对教育事业的憧憬，“元气满满”(网络词，指精神饱满)地开启了教育之旅。在工作一个月后，烦琐的班级事务，繁重的教学任务让她感到疲惫。没有停歇，日复一日！按部就班的日常管理让她失落，突如其来的学生状况问题让她无措。工作、生活、学习三者纠缠在一起，慌乱、焦虑、痛苦的她开始怀疑最初的选择，怀疑自己的能力。想放弃却又不甘的她，通过内心与黑暗的“自己”各种对决博弈，终于在一点一滴的教育生活中找到出口，找到了自己存在的意义、生命的价值，坚守住了那颗初心。

本剧以原创歌曲《追梦向前方》贯穿始末，以改编歌曲《我要我们在一起》推动角色情感变化，整个剧以唱、跳、说、诵、演相结合的表演形式将新时代教育工作者的不易、勇敢、责任、担当与情怀展现得淋漓尽致。不忘初心，有品有样；不忘初心，教育永恒！

地　点　　学校操场、教室

人　物　　张星(1人)

舞蹈人员(10人)

合唱人员(14人)

母亲(1人)

黑影(4人)

白影(5人)

【剧　本】

第一场　元气满满　金州相见

〔开学前：合唱人员摆放台上各种造型，舞蹈人员两侧就位准备〕

张　　星　　(跑上场)嘿嘿嘿！告诉大家一个好消息。

合唱人员1　　啥好消息？

张　　星　　我考上金州小学的老师岗位啦！

合唱人员2　　恭喜恭喜！为你高兴。

张　　星　　是啊，我太开心了，我终于可以实现我的教育梦啦，我得好好准备准备，咱们开学见，开学见！(一边说一边跑下场)

合唱人员1、2　　(与之挥手)开学见、开学见……

〔歌曲《追梦向前方》第一段前四乐句：合唱人员走位演唱，舞蹈人员上场〕

〔上课铃声响起，合唱人员定位，舞蹈人员退后于桌椅处〕

张　　星　　元气满满上课去……

合唱人员1、2　　加油，加油！

〔合唱人员合唱歌曲《追梦向前方》，舞蹈人员伴舞〕

〔歌唱完，黑幕，张星留位，舞蹈人员下场，合唱人员动作定格〕

第二场　工作繁忙　心感疲惫

〔上课铃声响起，传来画外音：张老师，上课啦！〕

张　　星　　(有气无力，慢步)来啦，来啦……

〔合唱人员走位呈圆弧形，演唱歌曲《追梦向前方》第二段，张星一人在中间表演〕

合唱人员1　　(走向张星，拍拍她的肩)别着急，一样一样来。

合唱人员(合)　　是啊，别着急。

合唱人员2　　(上前给她一个拥抱)别害怕，可向有经验的老师请教请教。

合唱人员(合)　　是的，请教请教。

合唱人员3、4　　别焦虑，相信自己……

合唱人员(合)　对,要相信自己。

张　星　唉！可此时的我……

〔合唱人员分两边撤场〕

〔独唱歌曲《我要我们在一起》,舞蹈人员披黑色披风上场,张星与之共舞,以展现出无助、纠结、难过、抓狂的样子……最后倒下〕

第三场　内心对弈　找回初心

〔母亲与张星展开对话〕

母　亲　孩子,孩子,醒醒,别睡。

张　星　是……妈妈吗？妈妈,我好累,让我好好睡一觉。

母　亲　孩子,工作哪有不累的呢？

张　星　可是,这与我当初想的不一样。

母　亲　有什么不一样呢？

张　星　我,还有我的小伙伴们,每天都像一只陀螺,不停地在那儿转啊转啊,从早到晚,从晚到早,一件事接着一件,不,是同时堆几件事……感觉永远都干不完。

母　亲　孩子,工作都会有它的辛劳之处,想想你当初为何选择成为老师。

张　星　当初……可是我现在有些后悔了。(慢慢回原位躺下)

母　亲　妈妈相信你,你能找到出口,问问你的内心……(下场)

〔张星倒下后,舞蹈人员表现张星内心与黑暗的“自己”博弈〕

黑影1　看吧！从晨检、午餐、课间到放学,无一不亲力亲为,这肯定很累！

黑影2　是啊,有些工作还得不到家长的理解与支持,真是烦心！

白影1　别心烦,别心烦,新老师多学习才能快速成长,调整心态。张星,瞧瞧,大家不都是这样吗？

黑影3　你这是站着说话不腰疼,整晚睡不着,看着大把头发往下掉,你会不心焦？

白影2　咦！睡不着,我们就牵着羊群散散步,1、2、3、4……嘻嘻。

黑影4　去去去,你在瞎捣乱个啥？张星,告诉你,工作永远比命长,做事不要太操劳。

黑影2　就是就是,当个老师,不要命都搭进去了,工作上过得去就行了呗。

白影3　张星,别听他们的,我们当老师的有一种特殊使命,我们是太阳底下最光辉的职业！

白 影 4　　选择了老师，就选择了平凡，就选择了服务和奉献。

黑 影 1　　小丫头，你别捣蛋。作为女孩子，要对自己好点儿，工作只是生活的一部分，工作把时间都花光了，自己的业余生活呢？女孩子吗，还是要去逛逛街、谈谈恋爱什么的……

白 影 5　　人可以不伟大，但不可以没有责任心。

黑 影 3　　责任心，责任心能当饭吃？当老师的常常是教好了别人家的孩子，却忽略自己的娃。

白 影 4　　你们别争，虽然工作只是生活的一部分，可也是我们人生价值、自我追求的体现。其中，有我们独有的幸福，这与金钱、荣誉无关。

白 影 2　　对对对，张星，看看这张贺卡，这是小萌同学在教师节亲手为你做的。(走向张星，张星渐渐醒来)

白 影 5　　张星，我们一起想想快乐的事……

黑 影 4　　你们，只会傻乐观，唉，理想是丰满的。

黑影(合)　　现实都是骨感的！

白 影 3　　张星，别理会他们。你看……

〔舞蹈人员退场，张星看着视频中的点滴——温暖而感动的每个瞬间〕

张　星　　(抹着眼泪，跑向舞台正后方)妈妈，我看见了，我听见了，我回来啦！

〔张星转身向前边走边说，舞蹈人员同时两侧上场〕

张　星　　(转身向前)教育是民族振兴、社会进步的重要基石，是功在当代、利在千秋的德政工程。这是对我们从事的事业的最高赞扬。作为一名教师——

舞蹈人员(齐)　　我们的初心就是对教育事业负责任。

第四场　不忘初心　教育永恒

〔合唱人员领唱歌曲《不忘初心》高潮部分，并齐诵〕

合唱人员(齐)　　斗转星移，不忘初心，只为金州学子快乐成长，

时间不语，不忘初心，只为金州少年金榜题名，

披星戴月，不忘初心，只盼金州灯火照亮夜空，

岁月不言，不忘初心，只望金州一心砥砺前行。

不忘初心，有品有样；不忘初心，教育永恒！

（合唱人员走最初队形，演唱歌曲《追梦向前方》第三段，舞蹈人员退回桌椅处舞蹈。歌曲副歌部分，舞蹈人员在舞台中前方定位。全剧结束）

附件1：

追梦向前方

1=D 4/4

曲：胡 晓
词：陈怡宏

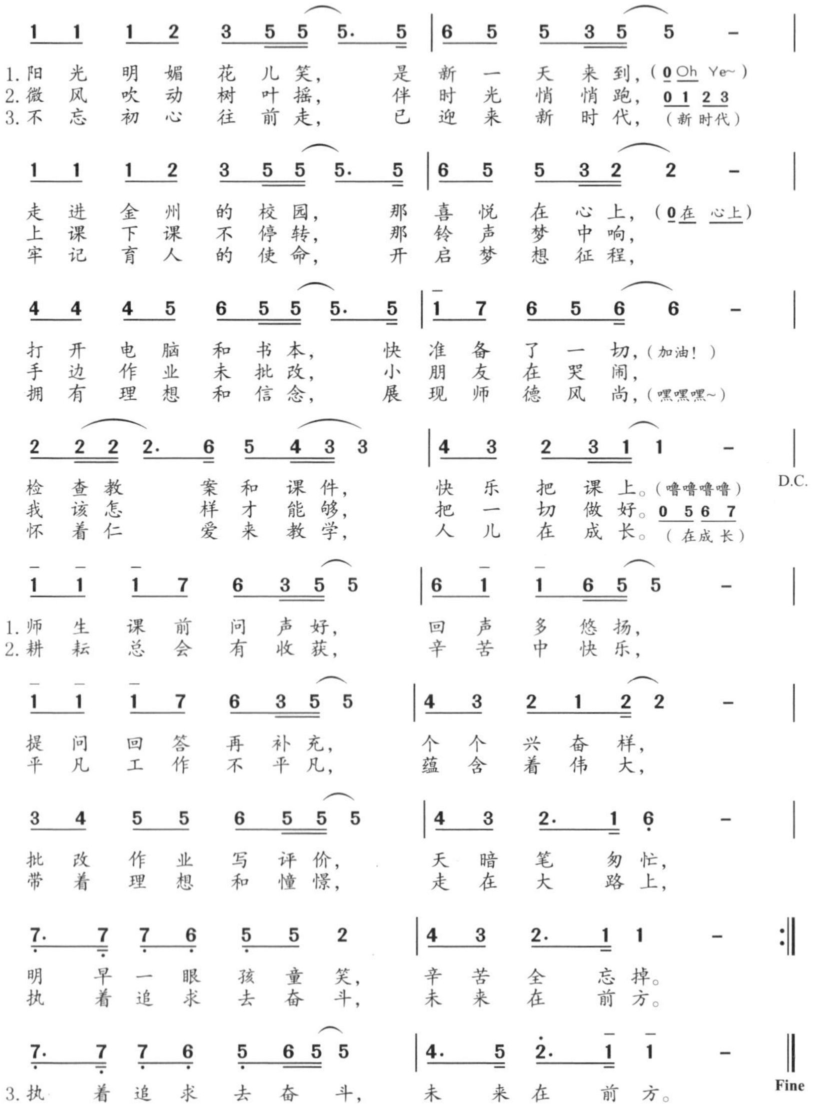

1 1 1 2 3 5 5 5. 5 | 6 5 5 3 5 5 - |

1.阳光明媚花儿笑，是新一天来到，（0 Oh Ye~）
2.微风吹动树叶摇，伴时光悄悄跑，0 1 2 3
3.不忘初心往前走，已迎来新时代，（新时代）

1 1 1 2 3 5 5 5. 5 | 6 5 5 3 2 2 - |

走进金州的校园，那喜悦在心上，（0在 心上）
上课下课不停转，那铃声梦中响，
牢记育人的使命，开启梦想征程，

4 4 4 5 6 5 5 5. 5 | 1 7 6 5 6 6 - |

打开电脑和书本，快准备了一切，（加油！）
手边作业未批改，小朋友在哭闹，
拥有理想和信念，展现师德风尚，（嘿嘿嘿~）

2 2 2 2. 6 5 4 3 3 | 4 3 2 3 1 1 - | D.C.

检查教案和课件，快乐把课上。（噜噜噜噜）
我该怎样才能够，把一切做好。0 5 6 7
怀着仁爱来教学，人儿在成长。（在成长）

1 1 1 7 6 3 5 5 | 6 1 1 6 5 5 - |

1.师生课前问声好，回声多悠扬，
2.耕耘总会有收获，辛苦中快乐，

1 1 1 7 6 3 5 5 | 4 3 2 1 2 2 - |

提问回答再补充，个个兴奋样，
平凡工作不平凡，蕴含着伟大，

3 4 5 5 6 5 5 5 | 4 3 2. 1 6 - |

批改作业写评价，天暗笔匆忙，
带着理想和憧憬，走在大路上，

7. 7 7 6 5 5 2 | 4 3 2. 1 1 - :||

明早一眼孩童笑，辛苦全忘掉。
执着追求去奋斗，未来在前方。

7. 7 7 6 5 6 5 5 | 4. 5 2. 1 1 - ||

3.执着追求去奋斗，未来在前方。

Fine

附件2:《我要我们在一起》改编歌词

作者:陈怡宏

我麻木地看着他在闹 他在跑 他推搡 他告状 他的胡闹,
我呆呆地站在那条路 那栋楼 那座房 那盏灯 那扇窗口,
书桌上面放着厚厚一叠作业随时提醒着我,
这么多,都等待我来;
我不记得上次何时在公园里和朋友放飞的风筝飘飘,
我不了解家旁那些草 那些花经过雨 经过风 长得怎样,
外面世界变化 我的日子好像没有太多色彩,
过得太难,想放弃。
哎哟哎哟哎哟哎哟,
你说你说 那我要怎样才可以,
辛苦的日子里,生活不美妙开心,
慢慢耗尽,没有一丝的力气。

【大家评】

张星老师

知道要担任主演的时候,我的内心是激动而又忐忑的。每一次的排练,我都增添了一份内心的触动,让自己更加坚定对教育事业的热爱,让自己不断反思,如何才能成长为让学生喜爱、让家长放心的智慧教师。守其初心,方能行远!

胡晓老师

我在创作剧本的时候,常常写着写着眼眶湿润了,脑海中不断浮现出曾经的自己。每一句自我的独白,每一次内心的挣扎,最后都是释然开怀的微笑,相信这都是每一位教育者的经历。因为情怀,所以热爱,于是坚持,最终存在!

田聪老师

从来没有演戏经验的我,第一次参与分工如此明确的演出,有导演、旁白、舞蹈设计、灯光控制、背景制作等人员,2天完成剧本创作,5天排练上台演出,每一步骤每一动作,每一曲一调一词,都在共同努力和认真付出下得以成就。这就是教师团队的精神所在,唯有付出,方可收获!

音乐创作:胡　晓　陈怡宏

编剧:胡　晓

当你老了

【剧本说】

《当你老了》这部剧通过一场家庭情景剧展现了"永远跟党走,奋斗新征程"的新时代家庭风貌,其展示了共产党员不是一种称呼,而是一面旗帜、一种责任。在向第二个百年奋斗目标进军的新征程中,共产党员在各行各业中发挥着中坚力量,他们舍小家为大家的故事,诠释了共产党员的初心使命,更诠释了对党和人民的忠诚。

地　　点　　家中

人　　物　　老人甲(1人)

老人乙(1人)

孩子甲(1人)

孩子乙(1人)

孩子丙(1人)

军人(1人)

科研人员(1人)

护士(1人)

朗诵者若干

【剧　本】

〔幕起:舞台上摆放方桌、饮水机等,家里的墙上贴满了荣誉奖状(优秀共产党员、科技进步奖等)。老人乙在包粽子、老人甲在忙活家务,准备过节〕

老人乙　　你这老胳膊老腿儿的小心点儿!

老人甲　　知道!知道!马上过节啦!大的小的都回来,我高兴!你这粽子包得真不错。

老 人 甲　　都是儿子、女儿喜欢的口味。

孩 子 们　　(敲门声响)爷爷奶奶！开门！我们放学了！

孩 子 甲　　爷爷奶奶，我爸爸还没回来吗？

孩 子 乙　　我爸爸也没回来吗？

孩 子 丙　　还有我妈妈呢？

老 人 甲　　孩子们别急，他们说了这次过节都会回来的。

孩 子 们　　太棒了！

孩 子 丙　　我妈妈说了这次回来她要带我去海洋馆。

孩 子 乙　　上周我在朗诵比赛中晋级了，决赛的时候爸爸能来当我的观众啦！

孩 子 甲　　我爸爸喜欢吃辣的，这次他回来我一定要跟他去吃火锅。

老 人 甲　　孩子们，放心吧，你们的愿望都会实现的。

孩 子 们　　太棒了！

孩 子 乙　　那我来帮奶奶包粽子。

孩 子 甲　　我负责扫地。

孩 子 丙　　我负责吃零食。

〔大家笑，电话铃声响起〕

老 人 甲　　(接电话)喂，喂，大点儿声，什么？又不回来了，好吧，知道了。

孩 子 们　　爷爷，是谁不回来了？

老 人 甲　　唉，都不回来了。

孩 子 们　　奶奶，是谁的爸爸妈妈不回来了？

老 人 乙　　看样子，是三个都不回来过节咯。

孩 子 丙　　看来我的海洋馆又泡汤了。

孩 子 乙　　看来决赛的时候又只能是妈妈陪我去了。

孩 子 甲　　我的火锅又吃不了了。

老 人 甲　　孩子们，爷爷理解你们的心情，爷爷又何尝不希望他们在身边呢，可他们是党员，是冲锋在前、逆流而上的共产党员。

老 人 乙　　是啊，以前你们爷爷年轻的时候也是这样，一有任务就出差。有一回他刚下班回来，组织上来电话，他一只脚穿着拖鞋，一只脚穿着带泥的鞋子就着急出门了，这是忙得连鞋他都没看清呢。(笑)

孩 子 甲　　那不是出糗出大了吗?(笑)

老 人 乙　　谁说不是呢。就这样，一直到退休了……

孩 子 丙　　(抢话说)退休了爷爷就天天在家陪您了？

老人乙　　才不是呢，你爷爷更忙了，去年隔壁楼的小李闹离婚，你爷爷去劝和；老王和老张因为广场舞活动区域划分不明吵起来了，也是你爷爷去调节；你周叔叔是残疾人行动不便，你爷爷帮他联系社区民警上门给办理户口；还有你王爷爷上次差点遭遇电话诈骗的事……

孩子们　　（齐声说）这事啊，我们都知道啦，爷爷是我们社区的“闲人马大姐”。（笑）

老人乙　　你们爷爷啊是老党员了，他这是发挥余热呢。

老人甲　　我啊，闲着也是闲着，不像你们的爸爸妈妈，他们才是咱们国家建设发展的主力军……

孩子丙　　我知道，爷爷，我们是国家未来的新希望。这话啊，您都说了八百遍了。

孩子甲　　爸爸不回来，我什么也吃不下了。

〔孩子们表现出失望〕

老人甲　　这样吧，孩子们，你们把对爸爸妈妈的思念写下来，等他们回来了交给他们，这样他们下次出差就可以时常拿出来看，知道咱们这个小家有人念着他们，想着他们，他们工作更安心。

孩子们　　好。

孩子甲　　爸爸，你爱吃辣，这次暑假，我们一定要一起吃一顿火锅！你常常风吹日晒的，要记得擦防晒霜哦，不过你依然是我心里最帅的爸爸。

孩子丙　　妈妈，我们班同学小胖说海洋馆里的大鲨鱼比房子都大，美人鱼特别漂亮，比仙女还美，我觉得妈妈你在我心里才是最美的天使，等你回来咱们去看看。

孩子乙　　爸爸，我可加油啦，这次比赛我争取拿个好名次，像爸爸你一样厉害。

〔军人、科研人员、护士出场〕

军人　　爸，这次过节我恐怕又回不去啦，部队有紧急任务。您和妈一定要保重身体！

科研人员　　妈！我们科研组的研究正处于突破阶段，最近不能去看您啦！

护士　　妈，最近医院很忙，有很多人需要我的帮助。

军人、科研人员、护士（齐说）孩子，爸爸（妈妈）又要食言了。

军人　　除了咱们的小家，还有祖国这个大家需要我们去守护。

护士　　虽然这波疫情来势汹汹，但很多人都担起责任冲锋在前，相信不久的将来我们一定能攻克病毒，到时妈妈陪你去看大鲨鱼。

科研人员　　宝贝，我们最新的科研成果能给大家带来更洁净的能源，以后的天会更蓝、水会更清。到时爸爸陪你去放风筝。

军人、科研人员、护士　爸，妈，你们要保重身体，等我们回家。

〔画外音：各行各业的家信，共产党员的家信〕

当你老了头发白了，睡意昏沉。

当你老了走不动了，炉火旁打盹回忆青春，

妈妈的手粗了，她把温柔的抚摸给了我，

爸爸的腰弯了，他把挺直的脊梁给了我，

妈妈的双眼花了，她把明亮的双眸给了我，

爸爸的皱纹深了，他把美丽的青春给了我。

正是因为有无数个像爸爸妈妈一样的共产党员，

千千万万个家庭才能平安幸福，

我们的国家才能繁荣昌盛。

作为一名新时代的少先队员，

我将传承好共产党员、革命军人的光荣衣钵，

不忘初心颂党恩，

坚定不移听党话，跟党走！

巴山巍峨渝水秀，最是家乡能致远。

百年回首初心壮，几代凝魂远目功。

党建百年忆峥嵘、启航奋斗新征程。

红色基因万家传，红色基因万家传！

【大家评】

杨语涵妈妈　在家长眼中，孩子才七八岁，党的历史对于他们来说是非常遥远的。可这部剧从孩子们最亲近的人、最熟悉的场景入手，让他们感知一个家庭中有共产党员是值得我们骄傲与自豪的，同时也让他们更多地理解父母的不容易、各行各业的不容易，甚至说能够通过本剧使孩子们明白我们如今幸福美好的生活都是党赋予我们的。孩子能通过参演一部戏剧，深入其中去体验、全方位去感知，这样真切的学习体验值得推广。

原创剧本

编剧：孔寒梅

劳动最光荣

【剧本说】

为全面贯彻党的教育方针，落实立德树人根本任务，把劳动教育纳入人才培养全过程，学校应结合特色开展劳动教育。

剧本《劳动最光荣》取材于孩子们劳动时的真实场景，通过情景再现让孩子们树立劳动信念、提升综合素养。劳动教育对孩子们的成长至关重要，劳动教育可以树立品德、增强智慧、强健体魄、培育审美。老师用戏剧表演的方式告诉孩子们劳动的意义，让孩子们更加热爱劳动，在劳动中创造美。劳动场景再现让孩子们明白劳动需要动手实践、出力流汗，在劳动过程中磨炼意志，体会劳动创造美好生活，体认劳动不分贵贱。孩子们逐步树立劳动最光荣、劳动最崇高、劳动最伟大、劳动最美丽的信念。

地　　点　　金州品耕园

人　　物　　老师（1人）

学生（4人）

萝卜种子、萝卜（9人）

毛毛虫（4人）

【剧　本】

〔“金州品耕园”开始营业啦，五年级的同学们在老师的带领下，了解了萝卜的生长过程，掌握了基本的种植技能，并取得了丰收，从而获得了劳动带来的喜悦〕

第一幕　讨论

［背景音乐《山谷里的农夫》］

〔老师带领着同学们来到(金州品耕园)〕

旁　　白　今天，“金州品耕园”迎来了第一批小主人，他们将在这里……

老　　师　同学们快来看，今天开始，我们就有自己的菜园啦！

〔同学们欢呼、拍手〕

老　　师　你们想在里面种点儿什么呢？

学 生 A　土豆。

学 生 B　青菜。

学 生 C　草莓。

学 生 D　萝卜。

老　　师　马上要到冬天啦，这个季节适合种萝卜，那我们就种萝卜吧！

同 学 们　好！(欢呼、拍手)

〔熄灯、开灯〕

第二幕　播种

［背景音乐《快乐的农夫》］

〔老师带着同学们到菜园播种〕

旁　　白　同学们在老师的带领下松土、挖坑，将充满爱的萝卜种子撒向土地。

〔每个学生拿着1—2颗种子，把它们扔进土坑〕

萝卜种子　好挤啊！好挤啊！挤做一团啦！(配钢琴伴奏)

老　　师　孩子们，种子种得太密了，会影响萝卜生长的，俗话说“一个萝卜，一个坑”，明白了吗？

同 学 们　明白啦，老师，我们去把它们分开。

〔同学们到地里把种子们分散开〕

老　　师　我们给种子浇浇水吧。

〔同学们给萝卜浇水〕

萝卜种子　好舒服、好舒服，真的好舒服。(做喝水状，并配钢琴伴奏)

〔围上栅栏〕

〔熄灯〕

〔开灯〕

第三幕　被虫吃

[欢快的背景音乐]

〔萝卜们长出了叶子(换装,戴上绿色的假发头饰)〕

旁　　白　　萝卜种子们一天一天地在地里自由生长着,由于长时间没有人来照顾它们,因此一个个有些营养不良,这天菜园里来了几个不速之客……

〔毛毛虫悄悄爬进菜园〕

毛毛虫A　　这个园子里的萝卜一个个看上去有些营养不良,走,我们换一个地方。

毛毛虫B　　我实在爬不动了,这几棵看着还不错,将就着吃吧。

毛毛虫C、D　　我们也饿了,就在这里将就吃吧。(在萝卜叶中来回穿梭,吃叶子)

萝 卜 们　　哎呀,哎呀,好痒啊、好疼啊。(萝卜们从睡梦中惊醒,挠头发和身上)

萝 卜 们　　你们是谁?

毛毛虫A　　我们是无敌大胃王,需要靠你们这些小可爱来提供营养。

萝 卜 们　　怎么办? 怎么办?(伤心地大哭)小主人快来救救我们啊……

旁　　白　　就这样,毛毛虫一天天蚕食着萝卜们的叶子,它们还没有长出新的来,就快被毛毛虫们吃光了。

第四幕　捉虫

旁　　白　　这天,老师又带领同学们来到菜园……

老　　师　　同学们,看看我们种的萝卜长什么样啦?

学 生 A　　啊,不好啦,萝卜叶子上全是洞洞。

学 生 B　　(拉起一根“奄奄一息”的萝卜)这根萝卜也快死啦。

老　　师　　萝卜们为什么会这样呢?

学 生 C　　(一边给萝卜做“心肺复苏”,一边说)都怪我们,没有照顾好它们。

学 生 D　　是啊,我们没有照顾好它们。

〔熄灯(毛毛虫上场)〕

〔开灯(学生上场)〕

毛毛虫们　　（被学生揪住了）哎哟，哎哟！

学生A　　你们这些害人精，可算被我逮着啦，想偷吃我的萝卜，没门儿。（把毛毛虫扔到很远的地方）

学生B　　你们看吧，还好我们“救驾”及时，不然我们的萝卜可没有啦。

学生C　　看来以后我们要经常来看看它们，给它们浇水、除草，给它们讲好听的故事，这样它们才能长得更快、更好。

〔萝卜点头回应〕

〔说完，老师和几个同学又来到地里忙活起来〕

[背景音乐《劳动最光荣》]

〔老师和同学们给萝卜浇水、施肥、捉虫〕

[背景音乐《山顶的风声》]

旁白　　转眼，到了寒冬，同学们给萝卜搭了一个暖和的家。

〔给萝卜搭棚，棚外雪花飞扬〕

第五幕　丰收

〔萝卜换装（萝卜头饰、自己的个性装饰）〕

旁白　　经过同学们的悉心照顾，园子里的萝卜终于成熟啦，它们一个个长得都很强壮。

〔同学们和老师一起揭开篷布，萝卜们一个一个站起来介绍自己：我是××萝卜（爱唱歌的萝卜、爱看书的萝卜、爱跳舞的萝卜、爱运动的萝卜……）〕

同学们　　（齐说）我们种的萝卜太可爱啦。

老师　　孩子们，我们通过自己的努力和劳动，迎来了金州品耕园第一次大丰收！

〔同学们欢呼、雀跃〕

老师　　你们想怎样分享丰收的喜悦呢？

学生A　　我想送给保护我们安全的保安叔叔。

学生B　　我想送给辛苦工作的保洁阿姨。

学生C　　我想送给老师，他们一定有很多用途。

学生D　　我想炖一锅排骨汤，和家人们一起分享……

老师　　孩子们，还等什么，我们一起来拔萝卜吧！

[背景音乐《拔萝卜》]

〔老师、学生随着音乐一起拔萝卜(萝卜排成一排坐在地上)〕

〔齐颂打油诗

品耕园里乐趣多

浇水、除草要勤劳

毛毛虫也来凑热闹

最后小命都难保

小小种子保护好

萝卜才能长得高

丰收的喜悦乐分享

劳动的快乐真是好〕

所有演员　(齐说)劳动最光荣,五年级组祝大家新春快乐,万事如意!

【大家评】

刘晴老师　我们通过戏剧表演的方式告诉孩子们劳动的重要性,这比简单的说教更有效果,希望孩子们通过观剧更加热爱劳动。

李国键老师　戏剧中我扮演学生的角色,我认真揣摩角色的台词,把角色的表情、动作、语言,声情并茂地表演出来,我通过表演明白了要想提高教学效率,一定要站在学生的立场思考问题。

唐贵红老师　戏剧中我饰演的是毛毛虫,由于孩子们疏于管理才使毛毛虫大军将园中的萝卜叶吃了个遍。我用表演的方式告诉孩子劳动需要耐心和细心。

原创剧本

编剧:刘　晴　冉　霞

劳动最快乐

【剧本说】

在我们的学校里，每个班级都有自己的一块菜地，孩子们特别喜欢在自己班级的菜地里为蔬菜浇水、施肥、除草。但是爱运动的男孩在管理菜地时，疏于职守，导致蔬菜被青虫伤害。在人物形象上，考虑到低年级的学生喜欢蔬菜瓜果可爱的形象，因此我们决定用拟人的手法创作出展现学生劳动场景的剧本，设定了南瓜、西红柿、胡萝卜、青菜和菜地里的青虫等具有代表性的角色。在戏剧表演中，学生们通过角色扮演亲身体会，在故事场景中，其认识到对待学习、工作要认真负责。这样的戏剧表演可以培养孩子们热爱劳动、认真负责的生活态度，并且还渗透了社会主义核心价值观的敬业精神。

地　　点　公园里、学校菜园子

人　　物　南瓜(3人)

青菜(4人)

西红柿(2人)

胡萝卜 (1人)

杂草(2人)

青虫(2人)

小红(1人)

小丽(1人)

小明(1人)

【剧　本】

〔风和日丽，南瓜出来逛一逛，叫上几个小伙伴，一起开心把歌唱！胡萝卜妹妹、青菜姐姐、西红柿妹妹，出来玩啰！ 胡萝卜、青菜、西

红柿(齐):来啦,来啦!〕

青菜1　(开心地)难得今天天气好,干脆一起去郊游!

青菜2　(拍着手说)好、好!我们去公园吧!

〔(齐唱)走走、走走走,我们小手拉小手,走走、走走走,一同去郊游〕

西红柿1　(来到公园里)公园真美啊!(看见一朵花,俯下身子闻了闻)真香!(一转过身,看见南瓜在旁边,于是上下打量着南瓜)南瓜,你怎么瘦了一圈?

青菜3　(着急地)咦,叶子也蔫了,黄黄的。

南瓜1　(点点头)是啊,这几天总是觉得困,想睡觉。

胡萝卜　(惊讶地)啊!青菜姐姐,你的身上有好多小洞洞,好可怕,好可怕!

青菜4　(嘟起了嘴)胡萝卜妹妹,你的身上怎么也缺了一块?好像被咬过,谁干的?

西红柿2　(厉声)还有谁,就是那大坏蛋青虫和杂草!

南瓜2　(生气地)就是,杂草吸了我的营养,我就长不大了!

南瓜们　(面容严肃)是啊是啊,青虫太多了,我们受不了了!

青菜们　(焦急地)好长时间了,我们全都生病了,人类也不来管我们!

南瓜3　(生气地)他们太懒了!

〔全部坐下〕

青虫1　胡萝卜、大南瓜美味香甜,我口水直流,(咬一口,咬一口)我要慢慢来享用。

杂草1　(温柔地)要说长高我最快,谁敢和我来比赛,吸点营养再睡一会儿,我也是个小可爱。

青虫2　(懒洋洋地)吃饱了,太好吃了,我要睡一会儿。

杂草2　(点点头)吸够了,吸够了,现在我要睡一会儿,醒来接着吸营养。

〔下课了,中午小红和小丽来到菜园子〕

小红　(吃惊地)哎呀,它们怎么了,瞧,叶子都黄了,还有小洞洞。

小丽　(着急地)这周没有除草、喷药吗?

小红　(挺挺胸脯)不会啊,对了,小明不是说这两周他来管我们小组的菜地吗?他不会一次都没来吧?

小丽　(大声地)小明,小明。

小明　(抱着足球)什么事啊?

小　　丽　　(不满地)你快点来看看,我们种的蔬菜都快不行了,你看你看。

小　　明　　(到处看看、一脸着急)怎么会这样? 一定是被虫吃了。

小　　红　　(瞥了他一眼)你还知道被虫吃了,这两周不是该你当组长管理我们的菜地吗?

小　　明　　(摸摸脑袋)不好意思,我忘了。

小　　丽　　(气呼呼地)你怎么能忘呢? 准是玩儿去了。

小　　明　　(懊恼地)我每天就想着踢球,全忘了,都是我不好,我现在马上就去除草、喷药。

小丽、小红　　(手拉手)我们一起去吧!

〔边做动作边唱,一人一句,最后一句齐唱〕

1=C $\frac{2}{4}$

1 3 5 | 1 3 5 | 4 4 3 2 6 | 5 5 5 | 1 3 5 | 1 3 5 | 4 4 3 2 7 | 1 1 1 ‖

你浇水 我浇水, 蔬菜 宝宝 要喝水, 松松土 喷喷药, 我们的 蔬菜 安心睡。
常除草 勤施肥, 蔬菜 宝宝 营养好, 爱劳动 不怕累, 蔬菜 长得 大又肥。

〔(向远处招手)同学们,去菜园里劳动了〕

全体学生　　(齐)来了来了。

分　　组　　(激动地)我们浇水、我们喷药、我们施肥。

小　　明　　(信心满满的样子)加把劲,大家干起来!

〔齐唱歌曲:《大家来劳动》〕

嗨哟加把劲哟,嗨哟加把劲哟

嗨哟(里格)嗨哟嗬嗬,我们大家来劳动哟,嗨哟(里格)嗨哟嗬嗬

〔蔬菜们张开了笑脸,开心地笑着〕

【大家评】

冉霞老师　　三年级的孩子,刚开始排练时十分拘谨,每一句话、每一个动作都需要老师示范。然而通过两天的排练,孩子们在表演时,表情更加自然,笑容更有感染力,对话也更有角色感,尤其是扮演南瓜的孩子,演绎生动,很有感染力。在正式演出的时候,加上服装、道具和背景,整个舞台特别漂亮,此剧也因此荣获"最佳舞美"奖。孩子们在排练和演出的过程中也

锻炼了坚持、思考、克服困难、相互帮助的品质。

刘增平老师

在这个剧中，我看到了孩子们的潜力，通过戏剧排练他们明显大胆了、自信了，扮演青虫的孩子把青虫调皮捣蛋的模样展现得自然又可爱。在戏剧排练中，孩子们都得到了成长，也明白了自己的事情要认真做好、付出劳动才有收获的道理。

原创剧本

编剧：冉　霞　何欣莹　刘增平

老师，您好！

【剧本说】

《老师，您好！》这个剧本围绕老师上网课时的真实情境创作而成。剧本讲述了老师在家录制网课的一系列故事，从最开始无从下手，到齐心协力利用网络教研，攻克难关，最终成功录制网课。剧本以幽默感人的话语、载歌载舞的表演形式，展现了教师们凝心聚力、敬业奉献的优秀品质。以生为本，扎根儿童立场，用孩童般的心灵去铸就教育的光芒。金州小学的老师正在用自己的行动证明、用戏剧去演绎何为学问之师、品行之师。

地　点　　家

人　物　　老师（10人）

主任（1人）

小莉（1人）

丈夫（1人）

孩子（1人）

其他演员若干

【剧　本】

（2020年农历新年期间，华灯初上，家家欢聚一堂，收看丰富多彩的电视节目。然而今年不同往年，一场突如其来的疫情打乱了各行各业的脚步。新学期伊始，微课组的老师们接到了新的工作任务——微课录制，不能落下孩子们的功课）

［爆竹烟花声］

电　视　　亲爱的观众朋友们，过年好！辞旧迎新，瑞雪迎春，在新的一年里，祝愿在各个岗位上依旧坚守着自己……

小　莉　　来不及了，来不及了。（深呼吸）同学们，大家好！欢迎进入美好语文云学堂，我是你们的莉莉老师，让我们跟金金和州州一起，开启今天的学习之旅吧！今天呢……

孩　子　　妈！妈！我想上厕所，但是厕所门坏了，打不开。

小　莉　　宝贝啊，妈妈在录微课，你忍耐一下哈，加油！

孩　子　　加油？唉，好吧，那妈妈你加油。你们还不知道吧，我妈是金州小学的语文老师，一个典型的工作狂，过年期间，她和她的同事们开启了“一项伟大的工程”——线上微课。（尿急）哎哟，不和你们说了，我还是去楼上小胖他们家上个厕所吧。

小　莉　　孩子们，请跟着老师一起朗读《守株待兔》，宋人/有耕者，田中/有株，兔走/触株，折颈/而死……

丈　夫　　老婆，吃饭啦！等下还要去爸妈那边走动走动，你……

小　莉　　（抓狂）冲动是魔鬼，冲动是魔鬼，（微笑脸）嘘！

丈　夫　　嘘！你在录课啊！

小　莉　　还有最后两句，老公，加油。

丈　夫　　加油！我再去给你加两个菜！

小　莉　　因/释其耒/而守株，冀/复得兔。兔/不可复得，而/身为宋国笑。好了，孩子们，今天的美好语文云学堂就到这里，我们下节课再见，拜拜！（长舒一口气）终于录完了。

〔小莉掏出手机，给各位老师发工作进度，并组织大家参加视频会议〕

小　莉　　亲爱的伙伴们，请大家根据之前分工，做好研讨准备，明天早上十点准时开视频会议，请大家准时参会，收到请回复！

[收到手机消息的声音]

〔场景变换，舞台上出现十二张桌椅〕

[视频连接的声音]

大　家　　嗨，大家好（各位老师好，过年好，好久不见）。

主　任　　老师们，今天的视频会议我们接着讨论“美好语文云学堂”的微课录制，大家都说一说在这个过程中遇到了哪些困难，咱们群策群力。一定要为孩子们带来真正好听、好看、好学的线上课程。

A 老 师　　主任，我觉得最大的问题是对着电脑录音。平时上课孩子们都在跟前，说什么都有回应。现在吧，一个人自说自话，总感觉差了点儿什么。

B 老 师　　你想象屏幕前有一个真实的孩子在跟你对话啊！

D 老 师　　可以在准备教案的时候把孩子们可能会有的表现也写出来。

C 老 师　　我还有个笨办法……

大　　家　　赶紧说说看！

C 老 师　　我是拿自家孩子练手，我把要录制的内容，一遍遍讲给我儿子听，让他从学生的角度来分析我的问题。现在我儿子看到我拿书找他，他就跑。

主　　任　　老师们，你们能想到这些真的太好了。咱们就是要站在儿童立场，做出孩子们喜欢的线上微课。

A 老 师　　听完大家说的，我打算……等会儿抓我男朋友来练习，不练个百八十遍，他可别想睡觉！

大　　家　　哈哈哈哈哈哈！

D 老 师　　主任，这音频剪辑、视频编辑，都太高科技了，我这语文脑袋啊，可真是搞不懂这些。

主　　任　　这些都不是问题！遇到困难，我们就克服困难；遇到难题，咱们就解决难题！A老师你和B老师来负责音频剪辑，你们俩平时总爱带学生唱歌，这个困难能解决吗？

B 老 师　　放心吧，主任，交给我和A老师，保证顺利完成！

主　　任　　C老师和F老师你们来负责编辑视频，你们在上次的教师摄影大赛里拿了金奖和银奖，这个困难能克服吗？

C 老 师　　没问题，主任。

主　　任　　D老师，你就做你最擅长的PPT怎么样？

D 老 师　　这个可以，大家有什么PPT上的要求尽管提给我，无论是想要蹦蹦跳跳的动画，还是炫酷的转场都没有问题！

大　　家　　好的，D老师真不愧是PPT小能手（嘈杂，夸奖）。

〔噪声断断续续，信号不好，大家摇晃着手机找信号，定格或慢动作〕

[音乐进]

C 老 师　　过年我回了老家，这里啊什么都好，就是信号不好。

D 老 师　　我刚有了自己的宝宝，晚上他总是吵吵闹闹，多亏了我老公，我才能躲在客厅的一角，安心地工作。

A 老 师　　我爱给孩子们上课，这段时间，孩子们没法来学校，但我要把这个“云学堂”弄好。

〔主任看着老师们一个个黑眼圈，却又激烈地投入讨论，心想，你们慢慢长大吧，幸福就在前方，永远不会迟到〕

〔跟随朗诵，一些简单的舞蹈，场景再现〕

大　　家　(齐诵)这一堂堂的微课，我们，共同的心愿。

经历多少夜晚，一次次考验，才有了学生看到的画面。

记得有一次我工作到很晚，

好不容易工作完，小区却停了电，

几天的努力全部白费，没有保存的文件。

那时我真的犹豫过，教师这份工作能为我带来什么？

一步一尺熟悉的讲桌，孩子们的目光依旧炙热。

那时候我知道我选择的真的没有错，

当天晚上梦见他们笑着对我说，

人生就像一条大河。

我们乘风破浪，老师你辛苦了！

老婆，你为什么想当一名教师？

孩子，你为什么想当一名教师？

妈妈，你为什么想当一名教师啊？

我是一位刚上岗的妻子，

我是一位母亲眼里长不大的女儿，

我是一位十岁孩子的母亲，

我们有着不同的身份，

却有着相同的追求。

以生为本，扎根儿童立场，

用孩童般的心灵去铸就教育的光芒。

我们牵手相约，

向着“品样”出发，

向着“品样”前行！

凝心聚力求品质，

千锤百炼终有成。

看——

色彩清新画面美！

听——

温柔亲切真动听！
学——
层次清晰易掌握！
用——
重点突出有支架！
回传肯定心中悦，
收获好评喜开颜。
开荒拓土，为师生谋福利，
精益求精，促学习高效率。
微课不微——
备课预习好帮手，
分析教材激兴趣；
微课不微——
课中教学展优势，
重点难点巧讲解；
微课不微——
课后复习有抓手，
随时随地助学习；
特殊时期，停课不停学。
我们都是重庆小语人，
勇立潮头，全力打造教育高地；
我们都是两江小语人，
朝着教育高端化高品质奋进；
我们都是金州小语人，
（唱歌与朗诵同步）
老师，你好！
老师，你好！
老师，你好！
老师，你们是否能看到——
我梦见远处真的有一条地平线，
有品有样，爱从来不会退却。
我相信只有跑到了那边，

看，孩子们露出热情的笑脸。
那天我梦见我的选择真的没有错，
梦见孩子们笑着对我说：
人生就像一条大河，
我们乘风破浪，
老师你辛苦了！
以爱为名，日益精诚；
有品有样，秉持坚守！
学理念、研课程、磨优课，
我们坚信，
修己方能达人；
齐上阵、攻难关、永向前，
我们坚信，
聚是一团火，散作满天星。
聚是一团火，散作满天星！

【大家评】

刘梅春老师　身为教师，肩负使命，使命会随着时间的变化而变化，而对学生的责任却始终不会改变。《老师，您好！》这个戏剧向大家传达的正是身为教师，在不断实现自身价值的过程中，即便困难重重，大家也都在不断创造中去发现教育的魅力，老师们也坚定了不忘教育初心的信念、牢记筑梦育人的使命。

周司阳老师　新冠疫情期间，老师们离校不离教，纷纷在家积极开展“云课堂”，而《老师，您好！》这部剧就是对那段难忘的教育时光最好的呈现。从老师变成演员，我们也和学生一样需要学习很多新知识，在创意、沟通、排练、克服困难、团队合作到最终呈现的过程中，我们收获了尝试新事物的勇气和信心，也爱上了戏剧。

原创剧本
编剧：胡晓燕　孔寒梅　肖蓉梅　刘梅春
周司阳　彭小丽　丁莹丽　吴江林

荣光背后

【剧本说】

《荣光背后》是一部专为小学二年级孩子们创作的、以现实主义题材为参考的、对孩子们的成长具有指导意义的剧本。该剧创作时恰逢五一劳动节，紧扣社会主义核心价值观——国家层面、社会层面和公民个人层面。剧本从孩子们的视角观察和感知这个世界，告诉孩子们不要一味地享受别人的劳动成果，我们今天幸福生活的背后，是无数替我们负重前行的劳动者的付出。通过剧本，孩子们对生活、对生命、对人生会形成自己的思考和认知。

因为孩子年龄较小，所以我们选用了一些他们能够理解的最近几年发生在身边的时事作为素材，比如四川雅安地震救援、孩子们经历的抗疫之战，以及东航失事救援等。

地　点　“荣光相册”纪念馆

人　物　消防救援人员(2男)

被救儿童(2女)

护士小刘(1女)

武警官兵(2男)

现场记者(1女)

领诵(16人)

李主任(1人)

【剧　本】

〔五月的一个周末，一群孩子在老师的带领下，戴着红领巾，背着书包，来到“荣光相册”纪念馆进行参观学习〕

第一场

〔学生们走近第一幅画框，画框中出现的是消防救援人员搀扶儿童的定格画面。此时LED屏的背景画面是四川雅安芦山县大地震。音乐起，画框中的角色动起来，十几秒的时间演绎救援场景〕

消防救援人员1　(安慰)孩子不要哭，我马上带你到安全的地方！

被救儿童1　(惊慌)不，我要妈妈，我要爸爸！ 叔叔，我的爸爸妈妈在哪儿？

消防救援人员2　(坚毅)孩子，我们肯定会找到你的爸爸妈妈的。不要哭，来，抓着我，我们赶紧离开。

被救儿童2　(害怕)叔叔，我害怕，你们不怕吗？

消防救援人员2　(鼓励)叔叔也害怕，但是因为你们，还有你们的爸爸妈妈都在等叔叔，所以叔叔就不怕了！

〔群诵〕

领诵1　(激昂)最可爱的人们啊，你们从八方路径，凿开生存之路，把战旗插向生命最需要的地方。

领诵2　(骄傲)一张张陌生的脸，也是最勇敢的脸，我们幸运有最坚定的后盾，有最强大的祖国。

第二场

〔孩子们走近第二幅画框，画面定格在正在抢救病人的身穿手术服的医务人员身上。此时LED屏的背景是医护人员争分夺秒抢救病人的画面。音乐起，画框中的角色动起来，演绎一段救援场景〕

李主任　(着急)快，快，快上呼吸机！ 小刘，去医务室通知晓明他们那一组快把防护服换上，赶紧上来帮忙！

护士小刘　(为难)李主任，张晓明他们那一组已经三天三夜没有合眼了，给他们准备的饭也没来得及吃，刚刚休息不到十分钟啊。

李主任　(坚定)我让你赶紧去叫他们！ 来不及了！

护士小刘　(祈求)李主任，我真的不忍心啊，他们太累了，再让他们睡一会儿吧！

李主任　(命令)去，赶紧去叫！ 医务人员睡十分钟，就可能有成千上万个等待救治的病人死亡。现在医疗资源那么紧张，正是病人需要我们的时候。快去！

〔群诵〕

领 诵 3　(感叹)没有军号和硝烟,你们却走在危险的边缘。

领 诵 4　(激昂)没有刀枪和利剑,你们却捍卫着生命的尊严。

领 诵 5　(赞扬)穿上隔离服的你们,拥有世界上最挺拔的身板。

领 诵 6　(敬佩)戴上防护镜,你让我们看见了人世间最美的容颜!

〔领诵者们,望着李主任和小刘忙碌的身影,深深地鞠了一躬〕

第三场

〔孩子们走近第三幅画框,定格画面是武警官兵正在森林里奋力搜寻东航失事飞机的残骸。此时LED屏显示的是2022年东航飞机失事时的搜救画面。音乐起,画框中的角色动起来,演绎一段救援场景〕

武警官兵1　(焦急)快,动作要快,我们现在是在跟天气赛跑,跟时间赛跑!

武警官兵2　(沉重)现在雨越下越大,路也更加泥泞,要快点找到黑匣子。

武警官兵1　(欣喜)来这里,这里有发动机零部件的残骸。赶紧搬走!

武警官兵2　(希望)现在72小时的黄金救援时间还没有结束,所以我们要争分夺秒,为生命争取最大的希望!

现场记者　(关切)感谢你们,你们辛苦了!希望我们尽快找到黑匣子,还原事故真相。

〔群诵〕

领 诵 7　(感叹)你们在争分夺秒地忙碌着。

领 诵 8　(感叹)你们在昼夜不停地奔波着。

领 诵 9　(感叹)来自平凡,素来默默。

领 诵 10　(激动)一声召唤,你应声而来!

领 诵 11　(激动)毅然决然投身于“火热”!

领 诵 12　(激昂)人民至上,生命至上,人民的生命安全高于一切。众人拾柴火焰高,我们一定赢!

第四场

〔身着各行各业服饰的扮演者，从画框中走出，聚集到一起〕

领诵13　(感动)我不知道你们的名字。

领诵14　(敬佩)只记住你们的身影。

领诵15　(感动)我看不清你们的容颜。

领诵16　(敬佩)只记住你们的眼睛。

全　体　致敬，平凡的劳动者！

致敬，伟大的劳动者！

荣光属于你们！！！

荣光属于你们！！！

荣光属于你们！！！

【大家评】

卢燚老师　《荣光背后》经历了一个多月的精心排练，在学校老师和孩子们的共同努力下，取得了较好的成绩，达到了预期的效果。在对剧本一遍又一遍地解读、推敲与排练中，孩子们很好地提升了团队意识、形体管理能力、情绪管理能力、语言能力以及个人舞台表现力等，这些对孩子们以后的学习及成长都至关重要。同时，剧目的排练，让孩子们对生活中的具体岗位有了更深刻的认识，也让孩子们更深刻地领悟到了社会主义核心价值观。

周杰老师　通过对《荣光背后》台前幕后的准备，孩子们懂得了每个戏剧节目其实都是一次劳动的体验，荣光的背后，也包含着参与这个戏剧节目的所有老师、孩子们、家长们的共同努力。这也许就是《荣光背后》带给孩子们的收获吧。

改编自真实新闻事件

编剧：卢　燚　周　杰

社会主义核心价值观剧本——诚信

《宝葫芦的秘密》新编

【剧本说】

小星是一个充满奇思妙想的孩子，但是也爱偷懒。有一天，他得到了一个无所不能的宝葫芦，可以帮助他实现所有的愿望。小星想吃什么就能变出什么，想玩什么就能玩什么。在一次数学作业测验上，小星居然利用宝葫芦去抄袭同学的答案，并且取得了非常好的成绩。面对同学们的质疑，小星丝毫不心虚，还信誓旦旦地说是自己做的。这一次，小星挣足了面子。后来，事情愈发不可收拾，小星变得越来越"优秀"，要成绩有成绩，要玩具有玩具，成了同学中的人气王。小星从来没有把宝葫芦的秘密告诉同学们。直到有一天，宝葫芦自作主张偷了学校外面超市的玩具，小星因此被全班质疑和猜测，面对压力，小星只好叫出宝葫芦，宝葫芦承认了一切。不讲诚信且想不劳而获的小星最终还是被揭穿了。自此以后，小星越来越努力，最后通过自己的努力变得越来越优秀。

地　点　　教室

人　物　　小星（1人）

宝葫芦（1人）

老师（1人）

班长（1人）

小宇（1人）

周周（1人）

小张（1人）

小平（1人）

小齐(1人)

小组成员(4人)

社团成员(6人)

其他演员若干

【剧　本】

第一场

〔小星天真活泼，充满幻想。在学校，上课时他总是喜欢发呆，还老爱打瞌睡，是学习小组拖后腿的人。他一会儿幻想自己是个宇航员，一会儿幻想自己是个医生、护士、科学家……〕

小组成员1　　别睡了，别睡了。你怎么又打瞌睡了？

〔小星突然惊醒〕

[丁零零，丁零零……]

小组成员2　　这次小组评选又没有拿到前三。

小组成员3　　是啊，小星，你上课总是走神、打瞌睡，都不举手回答问题，都没加分。

小组成员4　　嗯，小星，你应该要做一些改变。小星，小星……〔听到这个小星就跑了，大家追出来〕

第二场

〔放学前的社团课，大家都在忙着制作自己的模型〕

〔小星东看看西瞧瞧，不小心打碎了一个小组的模型〕

社团成员1　　哎呀，小星，你干什么？

(小星哭泣起来)

社团成员2、3、4　　别哭了，别哭了。

〔社团成员捡模型〕

社团成员5、6　　(围过来)怎么了？

小　　星　　（站在一旁，委屈）我又不是故意的。

社团成员1　　你就是故意的。

社团成员2—6　　（七嘴八舌地说）“肯定是故意的。”“可能是吧。”“怎么了？”

小　　星　　（一个人跑回了教室。边走还边说）唉，我真没用。

第三场

〔走了很久，小星回到教室，发现教室里一个人都没有，小星十分惊讶〕

小　　星　　（大叫）有没有人？陈老师、班长、小欧……

〔没有人回应〕

〔突然，教室里闪过一道光线，出现了一个宝葫芦〕

〔小星既害怕又好奇，拿了一本书扔了过去。葫芦掉在地上变成了一个人〕

小　　星　　你……你……你是什么东西？你是什么怪物？

宝 葫 芦　　我不是怪物，我是一个宝物，我可以帮你实现你的任何愿望。

小　　星　　我不信。

宝 葫 芦　　你现在说一个愿望，看看我能不能帮你实现。

小　　星　　我要吃棒棒糖。

宝 葫 芦　　密斯卡，慕斯卡，棒棒糖。

〔宝葫芦一下子变出一个棒棒糖〕

小　　星　　我要吃薯片，喝可乐。

宝 葫 芦　　密斯卡，慕斯卡，薯片、可乐。

〔宝葫芦一下子变出了薯片、可乐〕

〔小星相信了宝葫芦，带着它一起回了家〕

第四场

〔第二天，数学作业检测。头天晚上，小星压根儿没有复习，做题的时候抓耳挠腮，这时，他想起了宝葫芦〕

小　　星　　宝葫芦，快，帮帮我，去给我抄抄答案。

〔宝葫芦隐身全教室跑，抄来了同学们的答案〕

宝葫芦　这题选A，第三题选C，这题是60人。

小　星　可是应用题怎么办啊？我不会写啊。

宝葫芦　等着。

宝葫芦　三二一，密斯卡，慕斯卡。

〔宝葫芦打响指，时间暂停了〕

〔宝葫芦拿来班长的作业，小星开心地抄起来〕

小　星　好了，抄完了。

〔宝葫芦把练习题还回去〕

宝葫芦　慕斯卡，密斯卡。

〔宝葫芦又打了一个响指，时间恢复了〕

[丁零零，丁零零……]

〔交试卷了，小星开开心心地交了试卷〕

第五场

〔第二天午间的时候，班长领回试卷分发给大家。(大家自己玩自己的)〕

班　长　好了，大家安静，叫到名字的来领取试卷。周周A，小宇A，小齐B，小星A^+。(班长震惊了)

其余同学　(震惊)什么?(七嘴八舌，不敢相信)

小　宇　小星，你居然考了A^+？

小　齐　小星，你是自己做的吗?

班　长　小星，你怎么突然这么厉害?

周　周　你不会是抄来的吧。

〔同学笑〕

小　星　哼，你们就羡慕嫉妒恨(网络术语，这里主要是羡慕的意思)吧。我就是自己做出来的，我可是天才。

〔同学又笑〕

[丁零零，丁零零……]

〔下课了，有的人在玩象棋，有的人在玩围棋，有的人在玩卡片，还

有的人在玩太空狼人杀……，小星到处围观，却没有人愿意跟他玩，因为他什么玩具都没有〕

小　　星　　宝葫芦，快给我变出许多玩具来。

宝 葫 芦　　好的。主人。

宝 葫 芦　　密斯卡，慕斯卡，变。

〔只见书包里、桌子上堆满了各种玩具。小星高兴地拿出来，并和大家一起玩起来了〕

小　　张　　小星，你的玩具真多啊。

小　　星　　那可不，我无所不能，玩具要多少有多少。

小　　平　　小星，可不要吹牛，哪来这么多玩具，以前你都没玩具。

小　　星　　(有点儿慌张)就是……就是有了，怎么？你走开，不给你玩。

〔小平只能走开，小星和其他同学愉快地玩耍起来〕

[丁零零，丁零零……]

〔上课了，同学们收好东西回到座位上〕

老　　师　　(走进来)同学们，校门口的超市丢失了许多玩具，正在调查中，不是我们班孩子干的坏事吧？

〔同学们齐刷刷地看向小星〕

小　　星　　(脸红了)看我干什么？我可没偷没抢，我的玩具都是宝葫芦变给我的。宝葫芦，宝葫芦你出来。

宝 葫 芦　　主人，我来了。

小　　星　　宝葫芦，你给我的玩具哪里来的？

宝 葫 芦　　外面超市的，昨天放学看你一直在看这些玩具。我就都给你拿来了。

同 学 们　　(惊讶)哇……

小　　星　　(边哭边说)我，我……不是我，不是我，都是宝葫芦，都是宝葫芦偷的……

同 学 们　　(站起来，绕圈说)小偷，小偷，没诚信，没诚信……

小　　星　　不是我，不是我。(蹲下哭)

第六场

老　　师　　小星，小星。醒醒，醒醒。放学了，快收拾书包。

小　　星　　(哭起来)老师我不是小偷。我不是故意的。

老　师　你不是小偷，怎么了，又做噩梦了吗？

小　星　（哭）同学们，我以后再也不抄作业了，再也不偷东西了，再也不会不劳而获了。

〔全部上台，齐诵〕

齐　诵　日出而作，日入而息，凿井而饮，耕田而食。《击壤歌》

乡村四月闲人少，才了蚕桑又插田。《乡村四月》

晨兴理荒秽，带月荷锄归。《归园田居·其三》

九月筑场圃，十月纳禾稼。《诗经·七月》

青春绘理想，

勤劳筑梦想。

幸福生活哪里来，

我们的双手来创造。

【大家评】

学生李朝宇（小星饰演者）　非常高兴这一次我能担任主演，故事改编自我们学习过的课文《宝葫芦的秘密》，我知道小星其实有很多的不足，有很多的缺点，但是经过许许多多的事情，他最终成长、蜕变。我们每个人多多少少都会有一些缺点，但是我们在生活中不能不讲诚信。诚信是与人交往的根本，对待爸爸妈妈不说谎，对待朋友要真诚。同时也不要想着不劳而获，要用自己的双手去创造美好的生活。

郑文璐妈妈　一年一度的戏剧节又开始了，今年的戏剧节孩子们都非常棒。这个故事是从课文改编的，也非常贴合孩子们的生活。孩子们在戏剧演绎中明白了与人交往要讲诚信，不能说谎话；也认识到美好的生活是需要用自己的双手去创造的，无谓的幻想是不可取的。每年的戏剧节，每个孩子都有自己的角色，人人都能登上舞台去感受、去发现、去成长。角色有大有小，人人都有经历，戏剧节是实实在在培养学生自信心的一场旅行。

改编自童话剧本《宝葫芦的秘密》

编剧：蔡晓东

滥竽不能充数

【剧本说】

党的十八大以来，党中央高度重视培育和践行社会主义核心价值观。为了加深孩子们对社会主义核心价值观中“诚信”的理解，把孩子们培养成诚信的公民，老师带领孩子们集思广益，从生活中、书籍里共同搜集了大量关于诚信的故事，为剧本积累素材。通过班级研讨，大家最终确定了剧本内容——把“滥竽充数”这个故事演出来。孩子们通过排练这个故事，明白了滥竽充数终有一天会败露，做人一定要讲诚信。

地　　点　　齐国大殿

人　　物　　齐宣王（1人）

齐缗王（1人）

南郭先生（1人）

大臣（5人）

乐队（11人）

【剧　本】

第一幕

〔从前，齐国有个大王叫齐宣王，他特别喜欢听吹竽，这天早朝，大臣们又议论起组建竽队的事〕

大臣1　　大王，我们齐国乃是当今第一强国，我们的竽队应是天下第一！

大臣2　　对，我建议组建一支百人大乐队，以显我大国风采。

大臣3　　不，一百人太少了，最少也得二百人！

大臣4　二百人也不足以显示我齐国之强大，应该再加50人，二百五，多么强大的阵容，多么……

齐宣王　（很生气）什么二百五，太不像话了！来人呐，宣本王口谕，立即组建一支三百人的竽队，以显我大国之威！

众人（齐）　（磕头）大王圣明！

第二幕

〔乐队上场〕

乐队　（七嘴八舌地说）他的名字叫南郭，好吃懒做不干活，听说大王要建竽队，这对他来说可是个大好活儿。

南郭先生　（边走边叨咕）要说吹竽我不会，拍马吹嘘还差不多。不过人多容易混，滥竽充数我有辙！（拿出竽，往竽眼里塞东西）

南郭先生　（抱竽鞠躬）大人好！

大臣5　（傲慢地）干什么啊？

南郭先生　我想参加吹竽队，您看……啊。（递上珠宝）

大臣5　（扬扬自得）啊…… 啊……哈哈哈，行啊行啊。

大臣5　（回转身）启禀大王，三百人乐队已招齐，请大王检阅。

齐宣王　（高兴地）好，好，马上召见！本王要立即听他们演奏！

〔乐队十人上，南郭先生居中〕

大臣5　奏乐！（音乐起）

〔一声尖厉的声音，十分刺耳，众人停，只有南郭仍在装腔作势地吹奏〕

齐宣王（大怒）　什么人，吹出如此刺耳的声音，还不给我拿下！

大臣5　大王，就是他！

齐宣王　哼，好大的胆子，推出去，杀！

南郭先生　（浑身发抖）大……大……大王，小民冤……冤……冤……冤枉！

南郭先生　刚才小人正在吹竽，忽见大王紫气东来，小人知道这是预示大王万寿无疆，所以才吹奏出如此高亢的乐音，以示对大王的祝福。

齐宣王　南郭先生，心怀本王，忠信可嘉，赏绸缎十匹，升为竽队队长！

众人（齐）　大王圣明！

南郭先生　（转身指挥竽队，得意地）奏乐！

〔音乐起，南郭先生回到队伍中，装腔作势地吹竽。齐宣王大声喊好！音乐不停，竽队边奏边退场，齐宣王和第一场演员同时下场〕

〔《雪龙吟》舞蹈入场烘托气氛，第三幕道具、演员上场〕

第三幕

〔大殿上〕

齐 湣 王　本王每日公务繁重，身心疲惫。让竽队的人一个一个上殿来吹奏。吹得好的大大地赏，吹得不好的重重地罚！

南郭先生　启禀大王，从先王时期开始，竽队一直都是练的合奏，以彰显我大齐气势……改成独奏，不合适吧？

齐 湣 王　这个……南瓜还是冬瓜先生？本王就喜欢听独奏，他们如果没有准备好，要不从你开始吧？

南郭先生　（冒着冷汗、支支吾吾）大……大……王圣明！小人的独奏需要准备五天，我先安排其他人给您独奏！

齐 湣 王　（满意地点头）嗯，父王一直说你忠心可嘉、办事牢靠，就按你说的办吧。

〔南郭先生赶紧指挥其他乐师，在大殿外排队，轮番上场〕

旁　　白　南郭先生躬身退出大殿，吓出了一身冷汗，赶紧跑回去收拾行李，偷偷溜走了。五天后，齐湣王再也找不到这个深受他父王喜爱的竽队队长了。

旁　　白　他不诚信的事情传出后，齐国再无他的容身处。

齐　　诵

我中华，五千年，
好儿郎，垂青史。
君一言，驷难追，
承一诺，值千金。
立大业，就伟业，
诚为先，信为本。
立大业，就伟业，
诚为先，信为本。

（佚名）

【大家评】

学生王熠珩(齐宣王饰演者)　在剧中我饰演了齐宣王,第一次演戏剧,而且也是第一次演主角,让我本就悬着的心更加忐忑了。为了演好齐宣王,我细致地了解了"滥竽充数"的故事,同时在老师的帮助下揣摩大王说话的语气、动作。在家练习时,让家人当我的观众,请他们给我提建议。经过一次次排练,我终于把握住了这个角色,也明白了诚信的重要性。"小信成则大信立",我们应从小事着手,讲诚信,守诚信。在今后,我一定践行社会主义核心价值观,做一个讲诚信的人。

郭赵欣悦妈妈　这是孩子们第一次参加学校的戏剧艺术节。孩子们很兴奋,家长们也很开心,但人生的第一次都是比较迷茫的,在刚开始时,孩子们也比较迷茫、困惑,但一切的迷茫都在行动中变得明朗起来。看到班里孩子从刚开始的不会说台词、走位,到后面能娴熟把握每个角色的语气、神情,我看到了孩子们的成长,看到了孩子们身上的无限可能。孩子们在排练戏剧的过程中,无数次与"诚信"碰面,"润物无声,教育无痕",社会主义核心价值观正在孩子们心里悄然萌芽。孩子们在这场关于"诚信"的无痕教育中,收获了终身受益的宝藏。

原创剧本

编剧:邓落芳

老师“不诚信”

【剧本说】

诚信，顾名思义就是诚实守信，诚是真诚待人不欺骗，信是说话算话守信用。诚信是千百年传承下来的道德传统，是社会主义核心价值观之一。诚信要从小培养，它是为人之道，立身之本。一次趣味运动会后，老师“不诚信”地布置了作业，由此引发了全班的不满。借着道德与法治课上的“诚信篇”，大家你一言我一语，一起探讨“诚信”的真谛！根据这一个真实的故事，我们的剧本出现了。

地　　点　　学校

人　　物　　大眼妹(1人)

班长(1人)

老师(1人)

学生(10人)

【剧　本】

第一幕　操场上

〔为喜迎党的二十大，学校开展了趣味运动会，在五年级专场“旋风跑”中，5(1)班获得第一名的好成绩，同学们都在欢呼，庆贺……〕

生　　1　　耶，太好了，我们班第一名！

生　　2　　是啊，真是没有想到。

班　　长　　诶，同学们，比赛前我说什么来着？只要大家齐心协力，一定能够获得胜利。

生　3　是是是，班长英明。

大眼妹　还有一件事，比得了第一还让我开心。

生　4　是什么啊？快说。

生　5　是啊，快说。

大眼妹　嘿，你们忘了？比赛前老师说什么来着？只要得了第一，今天就不布置作业了，课间辅导时间（课辅）让我们看书和下棋。（哈哈哈哈哈）

生　5　还是“大眼妹”记性好，老师确实说过。

生　4　耶，太好啦！

大眼妹　走喽，课辅可以玩咯。

班　长　“大眼妹”，没作业也要好好看书。

大眼妹　知道了，知道了，烦死了。

生　3　我也是，“大眼妹”，课辅时我们下棋吧。

生　4　我也来。

大眼妹　好嘞。

老　师　嗯哼。

班　长　老师来了，安静。

老　师　同学们，今天下午的趣味运动会“旋风跑”我们班获得了第一名，前段时间的刻苦训练总算得到了回报，这是大家齐心协力、团结一致的结果，老师为你们感到骄傲。

［鼓掌］

老　师　好啦，接下来大家该收收心了，把心思放到学习上来。今天中午为了提前准备运动会没布置作业，下午课辅时段的作业，我写在黑板上，大家先去喝水，上厕所，回来抓紧时间完成。

第二幕　厕所路上

〔因为老师没有讲诚信，免作业，大家议论纷纷〕

大眼妹　不是说好得了第一就没有作业吗？老师骗人！

生　1　就是。

班　长　好啦，别吵啦。

生　5　唉，下不了棋了，上完厕所做作业去。

第三幕 教室里

〔大家先是不安分地做作业，老师离开后同学们爆发不满情绪〕

老　师　今天的课辅时间怎么这么吵？抓紧时间完成作业哟，我好批改！

老　师　好！今天的作业交齐了。

同学们，明天的道德与法治课是公开课，学校领导要来我们班听课，上课的主题是诚信，请大家准备一些和诚信相关的小故事，课上跟大家分享。记住了，一定要踊跃发言哦，加油！

生（齐）　加油！

大眼妹　（模仿：加油）还给我们讲诚信，连她自己都不讲诚信，骗子老师。

生　6　就是。

班　长　"大眼妹"，你不能这样说老师，老师这样做也是为了我们学习好。

大眼妹　哼，你就是老师的"跟屁虫"，只会拍马屁。

生　6　老师不该骗我们，不讲诚信。

大眼妹　唉，算了，说了也白说，她是老师。

生　8　好啦，就别吵啦，要我说，老师这样做确实不合适，她不是告诉我们一个成语，一诺千金吗，说出的话就该算数。

班　长　可是老师也是人啊，也许她是高兴得忘了呢。

大眼妹　马屁精！

生　8　"大眼妹"，你可以跟老师提意见，但别这样说班长。

大眼妹　提意见？她是老师，万一记仇我就惨了。

生　7　瞧你这点儿出息。班长说得没错，老师也是人，也会犯错，人与人都是平等的，有意见为什么就不能提呢？我们每个人都有说话的自由。

大眼妹　平等、自由？有吗？有吗？你没看老师平时对我那个凶啊，上课我一做小动作，老师那能杀人的眼神就飞过来了，吓死"宝宝"了。

班　长　那是你自找的，上课要守纪律你都做不到，当然不行啦。

明天的道德与法治课就是个好机会，我们可以给老师提提意见啊。

生　7　好主意，不错。就这么定了。

大眼妹　班长，看不出来，挺牛啊，佩服！明天课上你向老师提，不许反悔哟。

班　长　我提就我提。

第四幕 第二天课堂上

〔借助道德与法治课上有关“诚信”的话题，同学们讲起了昨天老师的“不诚信”行为，老师也意识到了自己的错误。顺势用自己的“不诚信”来讲“诚信”，引导学生做一个守诚信的人〕

老　　师　同学们，上课！

生（齐）　起立！

老　　师　同学们好！

生（齐）　老师好！

老　　师　请坐。

请大家把《道德与法治》这本书打开至61页，今天我们这节课的关键词是“诚信”。诚信，顾名思义就是诚实守信，诚是真诚待人不欺骗，信是说话算话守信用。现在请大家说说发生在你们身边有关诚信的故事。

大眼妹　老师，什么事都能说吗？

老　　师　当然。

大眼妹　包括您？

老　　师　我？当然。

大眼妹　好，那就请班长说吧。

班　　长　老师，昨天发生了一件事，我们一致认为您缺乏诚信。

老　　师　我？快说说。

班　　长　昨天全年级趣味运动会，比赛前，你为了鼓舞士气，承诺我们只要比赛拿了任何一项第一名，就免写作业，可是……

老　　师　唉，我……

生　9　就是，您没有履行诺言，说话不算数。

班　　长　我们认为您这样做就是不讲诚信，虽然我们都知道您这是为了我们好。

老　　师　嗯，同学们，大家说得非常好。老师昨天真是被喜悦冲昏了头脑，竟然忘了事先的约定。是老师错了，老师向你们道歉，对不起，同学们，这样的错误，老师保证不会再犯。

大眼妹　哇，老师头一次跟我们道歉。

班　　长　你不要瞎起哄。

老　　师　老师也会犯错，犯错了就应该道歉。你们敢于跟老师提意见、讲实话、讲真话，大胆真实地表达你们的想法，这才是老师最希望看到的，老师为你们感到骄傲。

班　长　同学们，老师能够知错就改，讲究诚信，我们做学生的更应该做到诚实守信。大家说是不是？

生（齐）　是！

生 10　老师，我们排了一个诚信的小节目，想表演给大家看。

老　师　好啊！

生 10　请欣赏音乐快板《诚信谣》。

生（齐）　诚信和守信，在心又在行。
对人要真诚，言出要有信。
作业和考试，不动歪脑筋。
诚信走天下，大道通畅行。

（佚名）

【大家评】

学生蒲静怡（"大眼妹"饰演者）　在剧中我饰演的是一个调皮的学生"大眼妹"，我感觉我有点儿本色出演。在开始排练的时候，我从头到尾都是一副吊儿郎当的样子。后来老师给我说，这是一部带有教育意义的剧，我扮演的角色也会随着剧情有所转变，先是任性，受启发后变得自律。后来我也在学习生活中反思，每次自己有做得不好的地方，老师教育了我，我就应该改正，让自己有所改变。

教师唐贵红　我们这个剧有台词的角色不多，但是要让全班48个人都在台上有戏，群演是一个难点，演好了也是一个亮点。所以在排练时，我鼓励群演们演好自己的戏。在操场上，群演们自由活动，自然大方，听到得第一时不同程度地欢呼；在教室里，课辅时间做作业，每个人的状态真实流露；在课堂上，主演们讲述老师的"不诚信"，群演们以眼神、表情、肢体语言配合，下课后各自离开教室的步伐、姿态，或结伴或独立离开……虽是群演，但是每个人都是独一无二的。这也让孩子们明白演好自己的戏，哪怕不是主演，一样很精彩！

原创剧本
编剧：唐贵红

社会主义核心价值观剧本——友善

那双鞋子

【剧本说】

第一次亲身经历一个班级戏剧剧本的诞生——和全班孩子讨论主题、确定主线、斟酌台词。

一说到“社会主义核心价值观”，我们最容易想到哪个词？

为什么会想它？它会让我们联想到身边的哪件事？

…………

在一连串的头脑风暴中，我们确定了“友善”这一主题。对于四年级的孩子而言，围绕这个主题而发生的故事每天都在悄然上演。然而，所谓艺术来源于生活并高于生活，孩子们一致认为必须得找到一个切入点——最好是一个小小的点。所以，我们找到了“一双鞋子”。一双鞋子包含着许多矛盾，渴望昂贵的新鞋的孩子与急切地希望帮助他人的同学们，简单直接地给予帮助和考虑他人的感受间接含蓄地施予援手，小小虚荣心所带来的不满足和正视自己内心后的释然、坦荡……

正如剧本所说，或许，我们能做的事情很小，但是我们的小努力可以和别人的小努力加在一起，成为更大的力量。而这，就是“友善”的力量。

地　　点　　热闹的街口、教室、家里、运动场上

人　　物　　小航(1人)

小航妈妈(1人)

老师(1人)

大明(1人)

丹丹(1人)

小熙(1人)
齐齐(1人)
李峰(1人)
同学若干

【剧　本】

第一幕

〔小航做梦也想要那双鞋。黑色的高帮鞋子,上面有两条白色的条纹。小航总是梦到他穿着这双鞋在赛道上奔跑。可是……〕

小　　航　　妈妈,看那张海报!

小航妈妈　　哦。

小　　航　　妈妈,我想要那双鞋。我想了好久了。

小航妈妈　　孩子,对我们而言,只有"需要",而不是"想要"。你真正所需要的是一双冬天穿的厚靴子。

小　　航　　唉!

〔妈妈拉着小航的手退场,小航不时回头去看那双鞋〕

第二幕

〔马上就要举行运动会啦!想到又可以在熟悉的跑道上奋力奔跑,小航抑制不住内心的兴奋〕

大　　明　　你们看,我爸爸昨天给我买了这双鞋,说实话,我简直不敢相信自己竟然可以跑得这么快!

〔大伙儿都围了上去,叽叽喳喳地说个不停〕

小　　熙　　哇,这也太帅了吧!跟我那双红色的鞋不相上下啊!

丹　　丹　　对了对了,隔壁五班的刘子洋也穿了双这种鞋,昨天我还看到他在操场上训练呢!他一定是盯准了100米冠军!

齐　　齐　　小航,咦,小航呢?

〔大家看见了站在一旁的小航〕

李　峰　小航,如果你也穿上这双鞋,你一定可以卫冕冠军!

大　明　对对对,小航,你也去买一双,咱俩把冠亚军都给包揽啦!

小　航　(面露难色)嗯,可是……唉!

〔小航耷拉着脑袋离开,伙伴们留在原地默默地看着他离去的背影〕

大　明　小航这是怎么啦?

小　熙　听说小航的爸爸还躺在病床上呢!也难怪……

齐　齐　唉,咱们真不该在小航面前提鞋的事,你们没看到吗?他脚上那双运动鞋都快裂开口啦!

李　峰　我们得想个办法帮帮他!

第三幕

〔教室里,同学们商议着……〕

同学1　我觉得大家可以把零花钱、压岁钱凑一凑,说不定就可以帮小航买那双跑鞋啦!

同学2　不用凑,不用凑,我家里还有好几双没穿过的新跑鞋呢,我可以送给他!

同学3　可是大家想过没有,如果我们这样把跑鞋送给小航,会不会让他难为情呢?

同学4　对对对,如果我是小航,我会觉得大家都在可怜我。

同学5　(一拍大腿)咳!我们可以神不知鬼不觉地把新鞋放在他家门口啊!

同学6　小航不是要过生日了吗?可以把新鞋当作生日礼物送给他啊!

老　师　(微笑着走进教室)孩子们!你们刚才说的话啊,我在门口都听到啦!

同学7　老师,你觉得我们想法是不是特别棒啊!

老　师　同学们,老师好开心,你们每个人都这么积极热情地关心小航,关心身边的同学;最令老师欣慰的是,你们还能细心觉察别人的难处并设身处地体会别人的感受,我在大家的眼睛里看到了"友善"的光芒。

同学8　老师,我妈妈也说过——助人无需张扬,将心比心即是善良。

〔大家频频点头,若有所思〕

老　师　(微笑着)孩子们,谢谢大家的友爱和善良。其实,小航也有话想对你们说呢。

〔小航走进教室〕

小　　航　　(挠挠头,不好意思)谢谢大家,其实我早就知道大家的心意啦。本来我还挺开心,因为我真的太喜欢那双鞋了。昨天晚上回家,我把这事告诉了妈妈……

第四幕

小　　航　　妈妈,妈妈,大明悄悄告诉我,班上的同学们正准备帮我买那双新跑鞋呢!

小航妈妈　　(郑重、严肃地)儿子,那你的想法呢?

小　　航　　(心虚地)我,我觉得……挺好啊。

小航妈妈　　孩子,同学们帮助你,是因为他们很善良,觉得那双跑鞋或许可以帮助你获得冠军;但真正能让你获得冠军的,是那双跑鞋吗?

小　　航　　嗯……不,不是。

小航妈妈　　对了,自己的能力才是最重要的。你的跑鞋虽然很旧了,但绝对不会影响你参加比赛。儿子,我们不能滥用别人的善良。

小　　航　　(红着脸)妈妈,我明白了。其实啊,新跑鞋说不定还没有旧跑鞋顺脚呢。

〔母子俩相视而笑〕

第五幕

同学们(齐)　　加油! 加油! 小航、大明,加油呀!

大　　明　　(开心地)你们放心,我一定会在今天书写自己的传奇! 小航,我们一起努力吧!

小　　航　　(兴奋地)同学们,你们的加油声就是给我的最好的生日礼物啦! 我一定会奋力……

同学们(齐)　　向前冲!

〔笑声、欢呼声将人群淹没……〕

也许,友善就是赠予,像给独居的邻居奶奶送饼干;

也许,友善就是把不需要的鞋送给需要的人;

也许,友善就是在电梯里帮助他人按下楼层按钮;

也许,友善就是用心赞美,比如告诉小熙,她的蓝色裙子真好看;

也许，友善就是认真倾听，即便妈妈讲的这个故事我早就听过好多次了；友善应该很简单，就像把垃圾随手扔进垃圾箱；或者对他人说，谢谢你，祝你好运。

或许，我们能做的事情很小，但是我们的小努力可以和别人的小努力加在一起，成为更大的力量。这股力量会变得越来越大，大到让我们的友善溢出校园、装满城市、穿越国家，到达世界的每个角落。

【大家评】

况姗姗老师

作为“摸着石头过河”的第一个班级剧目，从剧本创作、练习台词、走台排练……我们有太多的“第一次”。孩子们谢幕的那一瞬间，台下的我禁不住热泪盈眶——他们演的就是自己。他们说的每一句话、每一个动作、每一个细微的表情，我都在教室里、操场上、学校的某一个地方听到过、看到过。在这个大家齐心协力参与的过程中，有的孩子能站在别人的立场思考问题了，有的孩子锋利的棱角变得圆润了，有的孩子说话声音更响亮了，有的孩子不再扯着衣角手足无措了……我想，这就是戏剧的魔力吧！

嘉一妈妈

很高兴孩子能参与班级剧目的演出。她演了一个她自认为很重要的角色（笑），因为开场时她有一段十五秒钟的内心独白加独舞。为此，她潜心练习了很久——这是发自内心的热爱，我为她的专注所感动。演出只有短短几分钟，我眼中的她真的就是一颗闪亮的星，舞台上的每一个孩子都是闪闪发光的星。

学生张一凡

我最开始不愿意演“妈妈”，因为我有点儿不好意思。后来，我鼓起勇气试了试，同学们居然没有私下里取笑我！他们说我演得挺好。为了演得更生动，我暗中观察妈妈走路、说话的动作和神情，并加上了一点点夸张。如果有机会，我还愿意尝试更多的角色。

原创剧本

编剧：况姗姗

你好,小摄!

【剧本说】

友善是人们团结与合作的重要基础。在校园生活中,友善与冲突总在一念之间。同学之间发生矛盾了,选择协商解决是友善,选择吵架、打架就会引起冲突。剧本《你好,小摄!》由此切入,同学在学校走廊上发生冲突怎么办?校园打架监测系统——小摄来帮忙。可是,好心的小摄却遭到了同学的误解,被不友善的行为伤害,最终酿成更严重的后果……本剧选材来源于学生再熟悉不过的课间活动,用戏剧演绎身边的故事,在排演过程中促使学生联系自身,进行反思,并将戏剧深意内化为自己的理解,转化为情感认同和行为习惯,学会与人为善、与物为善。

地　　点　　教学楼走廊

人　　物　　王小明(1人)

李不凡(1人)

林点点(1人)

老师(1人)

同学们(38人)

【剧　本】

第一幕

〔丁零零,下课铃声响了,同学们在走廊上玩耍〕

王小明　　(得意地)我叫王小明。嘿嘿,人如其名,我干啥啥都行,是二(6)班里那颗最亮眼的明星。

李不凡　　(嘲笑地)哈哈哈,又在吹牛皮了,我看你是干啥啥不行,调皮捣蛋第一名吧!

王小明　　(气愤地)李!不!凡!

李不凡　　(插手)嗯?

王小明　　(气愤地)李不凡,李不凡,我看你是多管闲事,最最烦!

李不凡　　(生气地)你!吹牛大王!

王小明　　(生气地)你!烦人精!

李不凡　　(生气地)你!捣蛋鬼!

王小明　　(愤怒地)想打架是吧?

李不凡　　(不服输地)谁怕谁!

同学1　　(幸灾乐祸地)打架啦!打架啦!大家快来看啊!

同学2　　(着急地)哎呀!你们不要打了!不要打了。

同学3、4　　(幸灾乐祸地)加油!加油!

林点点　　(着急地)你们快把他们分开,我去找老师。

老师　　(带着摄像头赶来)住手!都给我住手!

老师　　(严肃地)王小明、李不凡上前一步,说说吧,你俩为啥打架?

李不凡　　(不服气地)他先打我的!

王小明　　(不服气地)他先骂我的!

老师　　(严肃地)王小明,你先动的手吧。

王小明　　(理直气壮地)不是我,我没有,我是被冤枉的。

老师　　(有理有据地)我可是有证据在手,不会放过任何一个坏人,更不会冤枉任何一个好人。

王小明　　(不服气地)哼,肯定又是林点点打的小报告,他们是一伙儿的。

林点点　　(委屈地)我可没告密。

老师　　(讲道理地)王小明,你的确错怪点点了。来,向你们介绍一个新朋友。它的名字叫小摄(摄像头打招呼),是学校新安装的校园打架监测系统。它啊,可以帮我关注你们在课间的一举一动,如果有人打架,我的手机马上就会出现警报。看看,铁证如山。

王小明　　(心虚地)哎哟,老师,我错了,可千万别发给我妈看。不凡同学,你一点儿都不烦,实在不好意思!

老师　　(温柔地)王小明,你要是知道错了就和李不凡握握手,以后还是好朋友。

第二幕

王 小 明　(调皮地)校园打架监测系统是吧,我躲。嘿,我再躲。我躲、躲、躲。

王 小 明　(无奈地)诶,兄弟,你别一直盯着我行吗? 你往那边看。

〔摄像头摇摇头〕

王 小 明　(生气地)哼,不就是个破摄像头吗? 别以为你换个名字我就不认识你了。

〔摄像头调皮地摆头〕

王 小 明　(生气地)你你你! 有了! 非礼勿视! 告状鬼,现在看你怎么监视我。

〔王小明用纸片遮住小摄的“眼睛”〕

第三幕

同 学 5　(神秘地)诶,你们听说了吗? 听说了吗?

七八个同学　(好奇地)怎么了? 怎么了?

同 学 5　(神秘地)就在这个走廊,可发生了一件大事。

七八个同学　(着急地)哦? 别卖关子了,快说,快说。

同 学 5　(神秘地)隔壁班的小刚和小天在走廊打架,小刚还受伤了呢!

同 学 6　(震惊地)天哪! 真的吗?

同 学 5　(夸张地)是啊! 那个伤口这么长,这么深,血流了这么多。

同 学 7　(震惊地)那可不得疼死?

同 学 8　(心疼地)这肯定要缝针吧!

同 学 9　(好奇地)诶,王小明,你和隔壁班的小刚是好朋友,你知道怎么回事吗?

王 小 明　(不确定地)我……我怎么知道?

同 学 10　(疑惑地)咱们走廊不是有打架监测系统吗? 没报警?

同 学 5　(摊摊手)是呢! 不知道为啥这次没监测到,老师正在查原因呢!

同 学 10　(遗憾地)唉,要是打架监测系统没有失灵,小刚也许不会受伤呢。

同 学 11　(着急地)还有两分钟上课! 快回教室做好准备。

同 学 们　(着急地)来啦! 来啦!

第四幕

〔王小明再次来到摄像头面前〕

王 小 明　(调皮地)我躲,我再躲。

〔摄像头毫无反应,王小明撕下纸片,摄像头摇头晃脑〕

王 小 明　(后悔地)啊,原来真的是因为我,打架监测系统才会失灵。我……我是真的没想到这样会让小刚受伤,是我害了他。

老　　师　(温柔地)小明,你在这里做什么?

王 小 明　(后悔地)老师,都是我的错。是我觉得打架监测系统老是监视我,还告我的状,我才会破坏它,要是我没这么做,小刚也许……也许就不会受伤了。

老　　师　(拍拍肩膀)小明,你错怪打架监测系统了,它并不是为了监视你,而是为了更好地保护同学们的安全,减少意外事故的发生。

王 小 明　(后悔地)老师,对不起,我再也不这样了。

老　　师　(温柔地)小明,知错就改就是好孩子,希望你以后能和小摄好好相处。

小　　明　(坚定地)嗯嗯。

王 小 明　(坚定地)小摄,我们以后做好朋友吧!(比心,小摄点头)

全班同学　(大声地)你好,小摄! 再见,打架!

【大家评】

学生蒋籽墨　我很荣幸成为《你好,小摄!》的主角。通过表演这部戏剧,我知道了在舞台上再不起眼的角色也是在台下默默付出很多才能呈现出观众看到的效果。就好比我们扮演小摄的同学,虽然他在舞台上是一部摄影机,没有台词,但是他在排练时一直刻苦、反复练习,努力表演自己的角色。这让我意识到我们真的不能小看任何一个人,要保持一颗友善的心,就像我们的戏剧想表达的那样,友善能够避免争吵和冲突,让我们与他人相处更融洽。我也非常开心,在与同学们的齐心合作下,我们拿到了“最佳编剧奖”!

学生李沛熙　为了演好《你好,小摄!》,我们在老师的指导下排练了很多次,每次都有新的进步。舞台上的我们,从卡不准音乐到精确卡点,从背对观众到面向观众,从四处乱窜到井然有序……我饰演“老师”一角,戏份有点儿多,但我一点儿也不紧张,因为我有一个高科技帮手——小摄,它可以轻松帮我处理同学之间的不友善行为。

原创剧本

编剧:田新雁

心灵伙伴

【剧本说】

友善，是公民德行的光谱，它为人际关系注入正能量，为社会和谐提供润滑剂。友善是一种对他人尊重、宽容、关爱和帮助的道德素养，是调节社会人际关系的重要规范。我国正处于社会转型时期，弘扬社会主义核心价值观具有重要意义。友善是青少年需具备的一项重要品质，它让孩子学会理解、体谅和包容。孩子们在与同伴相处的过程中或多或少会出现自私、不懂分享的行为，《心灵相伴》的剧本创作正源于此。剧本中小K和狐狸重归于好的过程让孩子们领悟了友善的真谛。由剧及人，联系自身生活，孩子们学会了正确处理与同伴之间的关系、与同伴形成良好的互动，这对儿童青少年的身心健康发展尤为重要。

地　点　　森林里

人　物　　歌唱团若干

朗诵团若干

小K（1人）　小美（1人）　小丙（1人）　小猪（1人）　小豆（1人）

小狐狸（1人）　小甲（1人）　小丁（1人）　小猫（1人）

老师（1人）　小乙（1人）　小狗（1人）　小兔（1人）

【剧　本】

朗诵团　（领诵）大人们，你们知道吗？每一个小朋友都有一个心灵小伙伴，它住在我们的心里面，只有在夜里才会出现，陪伴着我们进入幻想世界，一起去经历、去冒险。

老　师　（在一侧出现）亲爱的宝贝们，今天我们在一起要干什么大事情呢？

孩子们（合）　开派对！

老　　师　　那，我们是不是该请出我们的小伙伴啊？

孩子们（合）　　是！

〔所有小朋友都从背后牵出他们的小伙伴，有小猫、小狗、小猪、小兔子……大家都蹦蹦跳跳的〕

老　　师　　哇，大家都把自己的小伙伴带来了啊，那就让我们一起来介绍一下它们吧！

〔孩子们由中间站向两旁，让出一条较宽的通道〕

〔歌唱团领唱《心灵伙伴》〕

〔小朋友们带着自己的灵魂小伙伴，走秀般地走出来介绍它们，他们一边唱歌、一边跳舞〕

小　　美　　白白翘翘圆屁股，我的好友唐老鸭！

小　　甲　　绵绵软软歪头杀，是它是它小白羊！

小　　乙　　绿色小怪长尾巴，短短脖子小恐龙！

小　　丙　　洁白牙齿长鼻子，庞大身体是大象！

小　　丁　　棕色毛发大尖牙，强壮帅气小狮子！

小　　狗　　长长舌头毛茸茸，忠诚伙伴小狗狗！

小　　猪　　粉粉肚皮大耳朵，可爱机灵小猪猪！

小　　猫　　机敏灵活动作快，可爱温顺是猫咪！

小　　兔　　温柔可爱身子小，红眼白毛小兔子！

〔小朋友们欣喜地介绍自己的小伙伴，热闹欢乐地围圈打招呼。孤独的角落，小K一个人坐着。小K望了望台上的小朋友们，再低头看看自己手里空空荡荡的，很是落寞，他压低了自己的帽子，微微啜泣〕

老　　师　　咿咿，怎么没看到小K呢，小K，小K，你在哪里？

〔孩子们在舞台上四处寻找，然后让出一条路来，才发现小K躲在大家身后的丛林里，低声抽泣。老师靠近小K，蹲下安慰他〕

老　　师　　小K，来跟小朋友们一起玩吧，大家都是你的伙伴，对了，你的小伙伴呢？

小　　K　　小狐狸它……（哇的一声，小K就哭了起来）

〔朗诵团、歌唱团穿插表演，讨论小狐狸去了哪里这件事情〕

朗诵团A　　本来他们也是好朋友。

朗诵团B　　也是好朋友。

朗诵团A　　曾经也无话不说。

朗诵团B　　无话不说。

朗诵团A　　可是却因为一件事情,他们之间分开了。

朗诵团B　　为什么啊?

朗诵团A　　小狐狸认为他们是最好的朋友。

朗诵团B　　可现在它却觉得小K不这么认为。

〔表演结束,大家也知道了事情原委,纷纷低下了头〕

老　师　　(看向小朋友们)大家愿意把自己的小伙伴介绍给小K吗?

小　美　　我愿意!

小　豆　　我也愿意!

孩子们(合)　　老师,我们都可以和小K一起玩!

〔歌唱团演唱歌曲《朋友的秘密》〕

〔小美和她的唐老鸭跳舞,歌唱团唱出她们相处的小秘密:友爱、尊重。

小乙和他的小恐龙跳舞,歌唱团唱出他们相处的小秘密:互相学习、倾听。

小丁和他的小狮子跳舞,歌唱团唱出他们相处的小秘密:分享〕

老　师　　对啊,分享,小伙伴们在一起相处,一定要友爱、尊重、互相学习、共同分享,这样我们才能成为更好的自己,也能帮助小伙伴成为更好的他们。

孩子们(合)　　还有我们! 我们都是好伙伴!

老　师　　对啊,还有它!

〔大家缓缓让开,小狐狸被朗诵团的小伙伴拉出来,不好意思地走到小K面前〕

小　K　　小狐狸,对不起,我不该那么自私地把摩托飞车藏起来!

小狐狸　　小K,对不起,我也不该那么任性地说走就走!

小　K　　以后我再也不自私了!

小狐狸　　嗯嗯,我也不任性了,小K,我好想你! 出去的路上,我都……

小　K　　(一把抱住小狐狸)小狐狸,我学到了,我懂了,我再也不会让你离开我了!

朗诵团(合)　　小K跟小狐狸在大家的开导下,重归于好,小朋友们和老师也都为小K和小狐狸感到开心,大家又一次欢聚在一起,开心地唱歌跳舞,感受着友谊的美好。

【大家评】

安玉妮老师

剧本排练之初，在分配动物角色时，我们以孩子们各自最喜欢的动物作为选角的重要参考。一开始，孩子们还不能大胆放开，经过一番引导，孩子们释放了天性，尽情诠释自己对动物的理解。在选拔朗诵团和合唱团成员的过程中，孩子们找准自己的优势，积极自荐，展示出良好的精神风貌。在排练队形的过程中，孩子们的不专注影响了排练进度，但在反复排练与其他班级榜样引领的双重作用下，孩子们采用一帮一的方式克服了困难。在分组排练过程中，孩子们不仅学会了如何友好、和善相处，如何分工合作，还懂得了分享的重要性，增强了集体荣誉感。

原创剧本

编剧：安玉妮

社会主义核心价值观剧本 ——法治

隐私的角落

【剧本说】

小学生正处于青春期的开始，这个阶段的他们需要更大的独立空间，不再像以往那样有什么事情都会立即告诉家长和老师，而是开始有了自己的心事和自己的朋友，有了不想告诉别人的事，许多事想由自己做决定。而且，他们的自主意识也得到迅速提升，在与社会接触的过程中，开始需要有自己的空间来隐藏个人秘密。本剧本就是基于这种情况，以期呈现出孩子们的内心世界，引起更多家长和老师的关注，也是对同学们进行一场“保护隐私”的观念的普及。希望能够引起更多的人真正关注和思考未成年人的隐私教育问题。同样，揭露别人的隐私和给同学取“雅号”都属于校园暴力的一种，这严重破坏了和谐、团结的校园生活。有的同学仅仅因为好玩，没有意识到这样的行为会伤害到其他同学，这就需要我们通过戏剧这种直观的艺术形式来引导他们。

地　　点　　教室内

人　　物　　司博文（1人）

张婷（1人）

班长（1人）

老师（1人）

同学1、2、3、4、5、6、7、8、9、10、11

其余演员若干

【剧　本】

〔下课铃声响了，同学们有的坐在座位上看书，有的伸着懒腰，有的谈论着书本上的知识，有的在后排嬉戏打闹……〕

〔张婷和司博文是同桌，此时，张婷正利用课间时间翻看日记，而同桌的司博文拿起张婷的日记本站在座位上读了起来〕

司博文　同学们，同学们，你们都静一静，听我念。（开心地念着）昨天，我做了一个梦，梦里见到了奶奶，虽然奶奶离开我很多年了，但是在梦里她依然是那么慈祥……（声音很大地念着）

张　婷　你还给我，快还给我，不许念。（着急地伸手抢着自己的日记本，由于司博文灵活躲避，张婷怎么也够不到）

司博文　诶，抢不着，你抢不着。（开心地跑上讲台继续读着）在梦里，我又听到那个熟悉的名字，奶奶总喜欢叫我“二丫”。

〔有的同学相互对视笑了笑，然后看向张婷〕

同学1　原来你的小名叫“二丫”啊！

同学2　“二丫”，“二丫”，好土气的小名。（看着张婷笑着）

同学3　“二丫”听起来像个小狗的名字。

张　婷　司博文，你别念了，拿过来，你不许念，把日记本还给我。（一脸羞愤地瞪着司博文）

同学6　“二丫”，“二丫”，是个哑巴，只会写字，不会说话。

同学（齐）　“二丫”，“二丫”，是个哑巴，只会写字，不会说话。（大笑）

张　婷　你快把日记本还给我。（说完捂着脸哭）

〔所有同学围过来看着这一幕，大家用各种眼神看着张婷〕

〔全员定格，顶光暗下来，追光打在张婷身上，背景音乐渐入〕

张　婷　（缓缓起身，走向台前）我从小没有见过爸爸妈妈长什么样子，只有奶奶一直陪伴着我，我生病时是她照顾我，我受委屈了是她安慰我。我最爱吃奶奶做的菜，也只有奶奶陪着我，我才能睡得香。每当奶奶叫我小名的时候，我的心里都是暖暖的，我多么希望时间就停在那一刻。在那一刻，我的奶奶轻轻摸着我的头，我的爸爸妈妈紧紧地抱着我，一直抱着我。

〔音乐淡出，恢复灯光，全员恢复活动〕

张　　婷　　你可能觉得这样做是无所谓的，但是，这是我的隐私，你刚才这样念我的隐私，已经深深伤害到了我，每个人心里都有不能让别人触碰的地方。（红着眼睛，故作坚强地说）

同 学 4　　就是，你平时捣蛋就算了，今天竟然念起别人的日记，你这种行为，真是太可恶了。

班　　长　　（拿着一摞作业本走过来）司博文，你快把张婷的日记本还给她，这是她的隐私，你怎么能这样子？（边走边说，然后把作业本放在座位上）

司 博 文　　我说，（用手指着班长）你们管的闲事也太多了吧。我不就是念个日记吗？有什么大惊小怪的？

同 学 5　　你怎么就不念自己的？哼……（用不屑的眼神看着司博文）

同学（齐）　　对啊，你怎么不念你自己的？

司 博 文　　真是丑人爱作怪。我看啊，你们都是针对我。

班　　长　　（走过去安慰着张婷，并看向司博文）司博文，你觉得你这样做很开心吗？你这是把自己的快乐建立在别人的痛苦之上！（安慰着张婷）

司 博 文　　我，我，我现在不想念了

同 学 7　　我看你分明就是知道错了。

司 博 文　　我就是不想念了，再说了，这关你什么事啊，你个“小四眼”。

同 学 7　　你说什么，谁是“小四眼”，我招你惹你了？

同 学 8　　我说司博文，你怎么能乱给同学起外号呢？

同 学 9　　我们想取就取怎么了，嘴长在我们身上，你还不知道你的外号吧，你叫“窜天猴”。（站在司博文旁边的同学说）

同 学 8　　你们太过分了，我再也不跟你们玩了。

同 学 10　　谁稀罕啊，你看这个本子，上面写了你们所有人的外号。（大笑）

同 学 11　　你们也太过分了，我要把这事告诉老师去。

〔老师走了进来〕

同 学 11　　老……老师来了。（同学提前通报）

老　　师　　（看了看全班的学生，又看向司博文）刚才我已经了解了事情的经过，日记常常记录的是我们自己心里的故事，它是每个人隐私的角落。在没有征得主人同意的情况下，擅自打开并阅读就是侵犯别人的隐私。在法律上叫作侵犯隐私权。司博文，如果其他同学也擅自拿着你的日记本在教室里大声宣读，你会是什么心情？

司 博 文　　老师，我……（低下了头）

老　　师　　你这种行为已经深深伤害到了张婷同学。

司博文　　老师，我知道了，我错了。

司博文　　（看了看老师，走下讲台，走到张婷身边）张婷，对不起，我就想和你开个玩笑，没想到我那么做会伤害你，我已经知道自己做错了，原谅我好不好？我再也不会这么做了。

张　　婷　　真的吗？那你能保证不再念别人的日记吗？

司博文　　嗯。（使劲点头）

张　　婷　　还有不再给别人取外号，也不许叫同学们的外号了。

司博文　　嗯。（使劲点头）

老　　师　　（看了看司博文，又看向学生）这就对了，同学们，作为一名文明的小学生，我们平时一定要注意自己的言谈举止。不偷窥他人隐私，不给他人起绰号，尊敬老师，尊重同学，尊重身边的每一个人。让文明之花，常开在我们的心间。你们明白了吗？

同学（齐）　　明白了，老李。（所有人惊讶地捂住嘴，并排好阵形背对观众）

〔老师无奈地摇摇头，走到阵形中间〕

〔音乐起。所有人转过身，手拉手，一起唱。约30秒歌曲唱完，伴随着音乐鞠躬下场〕

【大家评】

何佳老师　　戏剧表演提升了同学们合作的能力，培养了他们的想象力和创造力。本剧本，根据真实情景改编，通过表演，同学们知道了什么是隐私权，同时意识到法治的重要性，树立了正确的价值观。在戏剧中，同学们从剧本中跳出来，根据自己的创造力和想象力去自由发挥，表达心中的情感。同时，还通过音乐的变化来强化角色的性格。彩排过程中，我发现体态动作可以辅助同学们进行语言表达，通过反复练习，使同学们的语言表达能力越来越好。这次戏剧表演，我们将音乐、舞蹈、语言和剧情相结合，通过音乐和动作来演绎并且表达情感，充分地释放了同学们活泼好动的天性，激发了同学们的兴趣，让他们有效地将被动学习变成积极、主动参与。不同的角色和不同的故事，让同学们对音乐和舞台表演也有了愉悦的体验。

刘宇晨家长　　戏剧这种直观的表现形式，除了能让我们家长对自己的教育方式进行反思外，还能更好地让孩子认识到什么是隐私，是一种非常有效的教育方式。孩子们通过角色扮演能更好地体会各个人物的心理状态，加深对同一事件中不同人物的认识和理解，从而学会站在不同的角度去思考一个行为对周围人产生的影响。

学生刘沿休　　第一次出演主角，我内心汹涌澎湃，演出前，紧张，担心上台以后忘记表演动作。当上台时看见何老师、代老师对我肯定地点头，我浑身充满了力量，没有紧张，没有害怕，自信地走上台，站在了舞台中间，开始了已经练习了一遍又一遍的表演。结束后，听着台下热烈的掌声，我知道，我成功了。这也让我更加坚信："不能放弃，只有战胜了自己，坚强面对，才能更加自信！"

学生刘宇晨　　我一开始扮演这个角色的时候，兴致很高，觉得很有趣。后来动作慢慢变多了，排练次数也多了，就很累，几次想要放弃，心情也很沮丧，特别是有一段哭戏，很难，很有挑战性，必须反复练习，一遍、两遍、三遍……但是我还是坚持了下来，努力排练，最后完美地呈现在观众眼前。我们的表演也得到了大家的认同和赞赏，我的心里像吃了蜜一样甜。

原创剧本

编剧：何　佳　代青宇　刘宇晨

交通王国历险记

【剧本说】

法治是人类政治文明的重要成果，是现代社会的一个基本框架和重要价值取向。但儿童对于法的概念模糊不清，更别提对“法治”的理解与认识。因此，该剧本依据儿童的阅读内容，以及真实生活体验——不闯红灯，遵守交通规则为出发点，编写出易于孩子理解的“法治”剧本。以儿童化的语言、戏剧化的表演形式、多样化的服装道具……让孩子们在本次戏剧表演中收获快乐，收获对“交通法”的认识，让孩子们知道遵守交通规则可以让行车更有秩序，让行人的安全得到保障。

地　　点　　马陆国

人　　物　　涂涂国王（1男）

小精灵（1女）

士兵（2男）

车辆（4男4女）

红绿灯（1男2女）

【剧　本】

〔涂涂国王手拿故事书《狮子王》从上场口上场（播放《狮子王》配乐）〕

涂涂国王　　大家好！我叫胡涂涂，我是马陆国的国王，我可是管理了数不清的交通王国，在我的管理下，没有一个交通王国发生过交通事故！哈哈，我是不是很有能力啊？

〔涂涂国王坐在舞台中心看书，小精灵匆匆忙忙地从上场口上场〕

小 精 灵　　我是一个勤劳的魔法小精灵，唉，我最近遇到了一件麻烦事。听说交通王国的涂涂国王很厉害，我来找他帮忙。涂涂国王你在哪里？涂涂国王？

涂涂国王　嗯？是谁打扰本国王看书啊？

小精灵　涂涂国王，是我啊！

涂涂国王　谁在说话？谁？

小精灵　我是小精灵，我在你的身后。

涂涂国王　噢，原来是你这个小东西啊。有什么事吗？

小精灵　涂涂国王，不好啦，马陆镇的居民吵起来了。

涂涂国王　吵起来？

小精灵　对对对，马陆镇的交通问题很严重，听说你管理交通很有一套，你快去帮帮他们吧。

涂涂国王　道路千万条，安全第一条。快快快，我要马上解决这个事情。

〔涂涂和小精灵从下场口下，8 辆车一起从上场口上〕

[车辆拥堵的音效]

〔相向驶来的两辆车（在舞台中间碰到）按着喇叭吵吵着〕

车辆 1　唉唉唉，你会不会开车啊？

车辆 2　你会不会开车？明明是我先开过来的，必须让我先过！

车辆 3　前面的车主遇到事情冷静处理吗，好好说，好好说。

车辆 1　有你什么事？去去去！

车辆 3　好心当作驴肝肺，切！

车辆 4　前面的，我还要回家吃饭呢，快让开！

车辆 5　就是，我还等着去看电影呢！难道要我在这里看你们吵架吗？

车辆 6　谁也别说谁，我们应该报告国王！

车辆 3　对，报告国王。

车辆 1　你没看到是我先来的吗？

车辆 2　明明是我先来的。

车辆 1　我先来的！

车辆 2　我先来的！

车辆 1　我先！

车辆 2　我先！

…………

〔车辆 3—8 摊手，士兵 1、2 从上场口上场〕

士兵1、2　　你们不要吵了！

士　兵　1　　国王马上来了，保持安静。

〔车辆音效暂停，车辆动作和争吵定格〕

〔小精灵和涂涂国王慌张地从上场口上场〕

士　兵　2　　国王不好了，这里怎么乱成一锅粥了？这可怎么办啊？

小　精　灵　　就是啊，涂涂国王你赶快想办法吧，不然马陆镇的居民就没有办法正常生活了。

士　兵　2　　是啊，涂涂国王快想想办法吧。

涂涂国王　　遇到事情不要慌，让我来把办法想。小精灵，快快做一个红绿灯，恢复交通秩序吧。

小　精　灵　　什么是红绿灯啊？

涂涂国王　　一个红灯、一个绿灯、一个黄灯，组合在一起就是红、绿、灯，这对交通来说作用大着呢。

小　精　灵　　哦，我知道了。魔法魔法变变变。

〔红绿灯从上场口上场〕

红　　灯　　这里的交通太乱啦，快快根据我们的指示开车。

绿　　灯　　红灯停，绿灯行。

黄　　灯　　黄灯亮了等一等。

红灯、绿灯、黄灯　　行人应走人行道，牢记规则不乱行。不乱行。

〔8辆车依次行走到舞台前面〕

涂涂国王　　哈哈哈，红绿灯的作用真是大。车辆们，开车最重要的就是安全，你们认识到自己的错误了吗？

车　辆　1　　唉，涂涂国王，是我不好，每次都要抢别人的道。

车　辆　2　　我也是，每次一着急就按喇叭催促他们。

车辆3、4　　对不起，以后我们一定遵守交通规则。

车辆1-8　　嗯！一定遵守交通规则。

〔播放《鲨鱼宝宝音乐》，场上演员跟随音乐走位并完成舞蹈，音乐停后所有人从下场口下场〕

〔全体从上场口上场，播放背景轻音乐，朗诵

从小养成好习惯，不在路上玩游戏；

行人应走人行道，没人行道往右靠；

骑车更要守规则，不要心急闯红灯；
乘车安全要注意，遵守秩序要排队；
头、手不能出车窗，扶紧把手莫忘记）
（全体从下场口下场）

【大家评】

黄丹老师

在所有艺术门类里，戏剧是离人最近的艺术，戏剧教育是最方便、最适当的人文素质教育。一年级的孩子，天真活泼，表演能力强，参与性强，他们愿意用身体语言去表达艺术，去表达自己所看到的一切。通过读剧本、演剧本，激发孩子们对戏剧的热爱，使其初步感知戏剧的特点。通过生活中真实场景——红绿灯，让孩子们感知法治，把交通法规刻在心底，不仅内化交通规则，还能影响着身边的人。一次次排练是汗水的积累，一次次上台是成功的基石。通过扮演的角色以及舒缓的戏剧表演，孩子们把学习到的知识与技能内化为自己的能力。孩子们全身心参与体验戏剧活动，并在自我展示、自我启发、自我改变中收获成长。

学生魏钰轩

我很喜欢上戏剧课，因为老师会带着我们表演小动物，还可以在戏剧课上看其他人演出，我觉得十分有趣，每次上戏剧课我都是最积极的，我还被选为戏剧课课代表呢！在《交通王国历险记》中我扮演的是"涂涂国王"，刚开始我很怕，怕上台之后演不好，让我们班得不到好成绩，但是老师跟我说上台做动作就是要夸张，并一直鼓励我，最后我上台时非常自信。

这次表演让我收获很多，比如勇气、自信和快乐。每次排练我都非常认真和努力，最后我们班获得了奖项。我非常喜欢戏剧！希望学校的戏剧课和戏剧节越来越好！

刘鑫钇妈妈

如果童年有颜色，那一定是色彩斑斓的线条交织在一起；如果活动有颜色，那一定是戏剧最亮眼。班班有剧目、人人齐登台，让孩子们在戏剧表演中收获自信。我家孩子刚开始知道要演戏的时候表现出不情愿，甚至有点儿抵触的情绪，但是第一次上台之后，他觉得戏剧就像玩一样，大家一起上舞台表演十分有趣，后来他能够在人多的情况下流利表达，这让我觉得他进步非常大。孩子们是在一次次的活动中才对"团结"理解得更加清楚，他们知道这是班级每一名成员都要参加的活动，需要每一名成员的积极付出才能表演成功，因此表演时都非常卖力。老师、家长都会给孩子们强调交规，千叮咛万嘱咐，但是教条式的语言远没有一次实践认识深刻。孩子们在这一次的戏剧表演中既增长了知识，又在玩耍中学习，真正做到寓教于乐。

戏剧不仅仅是演戏，还把内涵丰富的人生哲理蕴藏到每一个剧本中、每一次表演中、每一次舞台表演反思中。不管是戏，还是戏剧，孩子们投身其中，就是最好的戏剧课程！

原创剧本

编剧：刘　颖　黄　丹

十一只猫进袋子

【剧本说】

法治是社会文明的基石，与社会主义核心价值观紧密相关。法治的基本内涵是依法治国、执法为民、公平正义、服务大局、党的领导。要让正处于小学阶段的孩子们理解什么是法治并不容易。在选取主题时，我想到孩子们读过的绘本《十一只猫做苦工》，它讲述了十一只猫在旅途中，凡是遇见“禁止××”的牌子，就会去做违反牌子上规定的事情，从而发生的一系列滑稽有趣的故事。在与孩子们相处时，我发现他们在日常生活中也存在不遵守规则、只按照自己意愿做事的情况。于是我从“遵守规则”这一主题切入，选取绘本《十一只猫做苦工》中的一些情节进行改编创作，将孩子们在日常生活中面临规则时的一些问题融入剧本中，加入诙谐、幽默的语言，让孩子们在演剧、观剧中反思自己，从而理解遵守规则、遵守法治的深刻含义，并在日常生活中践行，做一个遵纪守法、文明的人。

地　点　森林

人　物　小爱丽丝(1女)

大怪物(1男)

虎猫队长(1男)(喜欢说四川话，幽默)

花花儿(1男)(爱臭美)

眼镜猫(1男)(眼睛高度近视，戴着一副近视眼镜)

小刺头猫(1男)(爱挑刺)

猫群演(7男)

其他演员若干

【剧　本】

场景一

〔十一只猫出场〕

小艾丽丝　嗨，我是小艾丽丝。我这里有一个好故事讲给你们听，名字叫《十一只猫进袋子》。大家过马路会走斑马线吗？万一上学快迟到了，要不要闯红灯呢？(等观众回答)

哎哟，大家都晓得遵守交通规则啊！可是有这么一群顽皮的小猫，叫我怎么说它们好呢？你们看，它们来了。

〔十只猫昂头挺胸，背着包，迈着欢快的步伐出场〕

小艾丽丝　走在最前面的是虎猫队长，1、2、3、4、5、6、7、8、9、10。咦？怎么只有十只？

〔虎猫队长突然吃惊地站住，后面九只猫因为注意力不集中，像多米诺骨牌效应一样，“哗啦啦”倒了一片〕

虎猫队长　(四川话)啷个回事吗？排好！排好！

〔九只猫耷拉着脑袋回到自己位置〕

虎猫队长　(严厉)报数。

众　　猫　(依次报数)“1”“2”“3”“4”“5”“6”“7”“8”“9”

虎猫队长　咦？差哪个呢？

小刺头猫　(大声)差花花儿，它还在打扮！

〔队伍里其余八只猫都捂嘴笑〕

虎猫队长　花花儿，又是花花儿……

〔花花儿出场，所有猫一起回头张望。只见花花儿夸张地戴着遮阳帽、墨镜、防晒长手套，一边喷防晒霜，一边口里念叨：“今天儿天气非常棒！我可不想被晒成黑猫警长！”〕

虎猫队长　来晚了还那么多废话！归队！

〔花花儿很怂地归队〕

虎猫队长　(转过身，面向观众)大家好，我们是十一只猫，我是队长“虎猫”。对！老虎的虎，什么？我不像老虎？不要紧，我心里住着一只老虎撒。

虎猫队长　　(反问)你们问我们今天要去干啥子?

眼镜猫　　去郊游!

猫6　　去野餐!

猫7　　去自拍!

猫5　　发朋友圈!

虎猫队长　　嘘……低调低调。好了,出发!

〔虎猫队长带着队员精神抖擞地出发了,队员们在队长身后立刻手舞足蹈、蹦蹦跳跳〕

场景二

〔猫猫们蹦蹦跳跳地向前走,不一会儿到了花田,花田里的花儿开得正艳,还有几只小蝴蝶正在花间飞舞〕

猫1　　哇——真漂亮!

猫2　　开满了鲜花耶!

眼镜猫　　(眯着眼睛)咦? 这边还立着牌子呢?

眼镜猫　　(好奇地走过去,推一推眼镜,举着放大镜念)禁、止、摘、花……

眼镜猫　　(望向其他猫,认真的神情)说是不让摘花。

猫1　　可是好想摘啊……

猫2　　有那么多花,摘一朵应该可以吧。

猫1　　嗯,就摘一朵没关系。

猫2　　(附和)嗯,就摘一朵。

〔除虎猫队长外,所有猫都去摘花了〕

虎猫队长　　(着急地喊)不行! 不许摘!

〔猫猫们不理它,每个人都把摘的花戴头上〕

虎猫队长　　(自言自语)你们都摘了,我再摘一朵也没关系吧。

〔最后虎猫队长也摘了一朵戴头上,跟上队伍继续上路〕

场景三

〔十一只猫摘完花之后继续向前走,来到山丘上。山丘上有一些

高大挺拔的树〕

虎猫队长　在这里休息一下。

众　猫　(齐回答)哇——好耶!

猫　3　上面写着什么字?

眼镜猫　(好奇地走过去,推一推眼镜,举着放大镜念)禁、止、爬、树……

眼镜猫　(望向其他猫,认真的神情)说是禁止爬树。

〔十一只猫你望望我,我望望你,什么也不说,各自来到树旁边,有的跳到树上,有的把树按倒在地上坐着,有的正面抱着树,有的把树压弯骑上去……〕

场景四

〔休息一会儿后,它们集合继续向前走,突然看到了前面有一个袋子〕

猫　4　啊,有个奇怪的袋子!

眼镜猫　(好奇地走过去,推一推眼镜,举着放大镜念)禁、止、钻、进、袋、子……

眼镜猫　(望向其他猫,认真地对它们说)说是禁止钻进袋子。

猫　6　(手捂嘴做夸张状)好大的袋子啊!

〔十一只猫你望望我,我望望你,抢着钻进袋子〕

猫　4　嘿,里面好宽敞啊!

花花儿　再往里挤挤嘍。

猫　5　(说话秀气的大高个)别踩我的尾巴!

众　猫　(齐叫)喵呜,喵呜,喵呜……

场景五

〔大怪物一边出场一边念叨:呜嘿嘿,啊哈哈……〕

大怪物　(转头指着袋子)这些蠢猫,我观察你们很久了,就知道你们又会破坏规则! 中我“呜嘿啊哈”的圈套了吧! 我要把你们带回去做苦力! 呜嘿嘿,啊哈哈!

〔大怪物拉着袋子下场〕

场景六

小艾丽丝　小伙伴们，你们是不是很好奇十一只猫接下来怎么样了？有没有逃脱大怪物“呜嘿啊哈”的魔掌？……它们虽然顽皮但团结齐心，遇到困难能积极想办法，只是不知道经过这次教训，它们能不能从此严格遵守规则？同学们，当需要遵守规则的时候，你们会选择怎么做呢？

【大家评】

甘桔苹老师　角色塑造形象，戏剧点亮童年。每一场演出仿佛是一次神圣的仪式，所有人都盛装而来，只为接受一场艺术的洗礼，而孩子们也被这种气氛所感染。戏剧节是孩子们一年中最期待的节日之一。在这期间，我看到一大批小编剧在涌现，一批小表演家、小歌唱家……在成长着与蜕变着。孩子们为了更好地演出，一个动作、一个眼神、一个站位、一句台词，都不停歇地重复练习……这些前期的准备工作和紧张练习，在无形中促进了孩子们自身能力的大幅度提升。平日刻苦的排练，加上舞台表演的锻炼，让孩子们感受到成功并不容易。在演出的过程中，孩子们全力以赴、全身心投入，舞美、灯光以及热情的掌声能最大限度地激发他们的潜能。戏剧润物细无声般地影响着孩子们，这或许就是戏剧的魅力之处吧！

学生王皓岳　我饰演的是大怪兽“呜嘿啊哈”。它利用小猫们淘气、喜欢破坏规则这一点把它们抓起来做苦力。在上台表演时我紧张得直流汗，都快把表演服打湿了，但听到结束后的掌声和看到奖杯时，我觉得一切都值得，很开心！

学生潘奕辰　我扮演虎猫队长，一只神气有领导力又有点儿调皮的猫。哈哈，我们全班都喜欢这只猫，因为排练的时候所有人都可以背它的台词。排练是辛苦的，录音也不容易，我明白了什么是“台上一分钟，台下十年功”。我们收获满满啊！

学生罗皓一　在这次表演中，我演了一只英俊帅气又爱臭美的猫——花花儿，这跟我平时的性格可不太一样。为了呈现出一个不一样的花花儿，我可大胆突破了自己呢！我喜欢表演，喜欢和同学们一起在表演中成长！

改编自绘本《十一只猫做苦工》

编剧：唐　艳　甘桔苹　杨　娟

社会主义核心价值观剧本——公正

才艺“比拼”

【剧本说】

《才艺“比拼”》剧本是根据发生在校园里的真实情境创编而成的。同学们为选出代表班级去参加年级才艺大咖秀的表演团队,经历了班级才艺比拼—私下拉票—参赛团队在年级比赛中失败—后悔拉票、随意投票的过程。只有将同学们在校园里真实发生的生活故事创编成剧本,他们在表演的过程中才能切身感受到在生活、学习中因为作假带来的后果,更能深刻地感知“公平、公正”的内涵。无论是在戏剧表演中还是生活中,同学们都应从“公平、公正”的角度出发,发现问题、思考问题,站在公平、公正的立场,去解决自己身边的生活和学习问题,这既可以增强学生的公平、公正规则意识,也能促使戏剧走进学生内心、融入头脑,这也是本剧本创作的价值所在。

地　点　　校园

人　物　　主持人(1人)

才艺展示 4 个小组

学生若干

纪律委员(1人)

老师(1人)

【剧　本】

第一场

〔教室场景〕

主持人　(面向观众)观众朋友们、同学们,大家好。今天,我们班级的才艺大咖们,将在这里一决高下。为的是争夺一份荣誉——代表班级去参加年级的才艺大咖秀。请大家拭目以待吧!

主持人　下面有请第一组选手登场,他们带来的节目是街舞。

众　人　哇,好帅啊。

〔第一组选手街舞表演时间〕

主持人　酷炫的舞蹈燃动全场。请继续欣赏第二组带来的吉他表演。

众　人　还可以。(点头表示认可)

〔时间暂停,所有人定住〕

嘻哈组成员1　怎么办?马上就到我们表演了。

嘻哈组成员2　我们可一次都没有排练过。

嘻哈组成员4　你们把心放到肚子里去吧!我保证我们组是第一名。

〔时间回归正常,所有人继续活动〕

主持人　娴熟的手法,动听的音乐,仿佛置身于演唱会现场一般。掌声有请第三组嘻哈组合。

〔第三组选手表演时间〕

众　人　太搞笑了吧。(交头接耳)

主持人　看来第三组给我们带来了不一样的表演。接下来咱们优雅的中国舞组给大家带来舞蹈《山鬼》。

〔第四组选手表演时间〕

众　人　好优美,再来一段。(大声欢呼)

主持人　真是多才多艺、人才荟萃的班级,接下来激动人心的时刻到了,请大家慎重思考,并为他们投票,选出你们心中实力最强的小组。观众朋友们,你们会投哪一组呢?

〔时间暂停,所有人动作定住,同学们展现自己的心理活动〕

生　　1　　小天昨天送给我一套限量版“吃鸡游戏”的新装备，唉！如果不选他，那也太对不起我的兄弟了。

生　　2　　小天说如果我给他们组投票，他就会把新买的漫画书送给我，那可是我最最最想要的书。

生　　3　　论实力，我觉得街舞组跳得最好，可小天是我的好朋友，我到底该投谁一票呢？

生　　4　　唉！小天今天说了，要是我不选择他们组，以后我竞选班干部，他就绝对不会给我投票。

〔时间回归正常，所有人继续活动，老师出场〕

主持人　　现在开始投票，有请纪律委员计票，请选择第一组的同学举手，选择……

纪律委员　　第一组10票。（众人鼓掌）第二组5票。（众人惊讶）第三组20票。（众人窃窃私语，他们组怎么这么多票？）第四组7票。

主持人　　老师，票数最多的是第三组嘻哈组。

老　师　　同学们，根据投票情况，嘻哈组将代表我们班级去参加年级比赛，让我们一起期待他们的精彩表演吧。

众　人　　（鼓掌）好！

〔其他同学下场，教室里留下第三组嘻哈组成员〕

嘻哈组成员1　　我们这样怎么代表班级去参赛。（着急）

嘻哈组成员2　　我们什么也不会啊？要不算了吧。（担心）

嘻哈组成员3　　怕什么，没有才艺，胆子大就行。

嘻哈组成员4　　别担心，大不了我再去拉一次票不就行了。（得意）

〔第三组所有成员聚在一起，竖起大拇指说：“还是你有方法，对，再去拉一次票就行了。”〕

第二场

〔第三组成员在一旁垂头丧气，一群同学在一旁窃窃私语〕

生　　5　　你听说了吗？嘻哈组在年级才艺大咖秀中是最后一名。

生　　1　　啊，太丢脸了。

生　　2　　那学校的才艺展示活动就没有我们班级哦！

嘻哈组成员1　　天哪，太丢脸啦。

嘻哈组成员2　　浪费了一个班级名额。

嘻哈组成员3　　其实应该让街舞组代表班级去比赛,他们有真正的实力。

嘻哈组成员4　　没有真本事就不要逞能。

嘻哈组成员　　唉!

〔后悔啊,惭愧啊!
后悔当初拉假票。
台下拉票喜洋洋,
台上演出遭了殃。
班级因我丢机会,
无颜面对只想逃。
手中权力随便给,
贪小便宜害大家。
朋友情谊虽重要,
客观公正不能抛。
同学们,要记牢。
才艺比拼看本事,
真才实学是第一。
根据实际来投票,
公平公正是个宝。
唉!〕

〔所有人垂头丧气〕

老　　师　　孩子们,你们怎么了?

嘻哈组成员 2　　老师,其实上次我们的票数……是因为……我们给了同学们好处才获得的。

嘻哈组成员 1　　老师,我们对不起班级,我们班级没机会参加学校的决赛了。

生　　2　　其实……我们投票也没有做到公平、公正,我是因为想要漫画书,所以就给他们投票了。

生　　6　　我觉得街舞组最好,但因为小天是我的好朋友,所以投给了他们。

众　　人　　老师,我们知道错了。

老　　师　　同学们,其实这次比赛的结果不重要,重要的是你们经历这件事后懂得了非常难能可贵的道理,更是入心了、成长了,老师为你们骄傲。

【大家评】

学生杨澔楠

通过这一次表演，我体会到了拉假票带来的危害，没有真本事，不仅自己出丑，还丢了班级的脸。所以，在今后的学习和生活中，我会坚持公平公正的做事原则。这次的戏剧表演很有意义，我收获很多，我们班还获得了“最佳导演奖”，大家都很开心。

学生周鸿杉

这一次戏剧节，我们参与了剧本创作，班级内分组排练，以及独立联系服装和化装的过程。这不仅充分锻炼了我们独立完成一件事情的能力，还增强了同学之间的友谊和凝聚力。

肖蓉梅老师

本戏剧不仅使每个学生的才艺得到展示，还表明不公平的决定会带来不利的后果。用才艺比拼的方式，让所有学生参与其中，让他们在身临其境中认识公正的含义。排练剧本时，学生自行分成几个小组，不仅充分调动了学生的积极性，还让每个学生在团结协作中凸显出了自己的特长。在排练过程中，学生还主动思考该如何凸显角色人物特色，提升了戏剧素养和综合能力。

原创剧本

编剧：肖蓉梅　毕　娅

森林选举大会

【剧本说】

公正是捍卫权利的天平，是衡量社会发展的价值准绳。我们倡导的公正，不只是强调机会平等和程序正义的公正，还是体现在社会生活的各个领域、各个层次、各个方面的公正。为了让孩子们真切地感知“公正”的内涵，我们创编了“森林选举大会”的剧本。在创作过程中，以孩子们熟悉的班级生活为切入点，紧密联系他们的真实经历、真实情感，激发他们的表演热情。剧本创作以儿童为本位，语言生动活泼、充满童趣；故事内容结合当下社会热点，更显真实性；冲突的设置简单明了，不乏戏剧性。从剧本出发，孩子们各显所长，既是情绪高涨的角色竞选人，又是中肯客观的选拔者。公正的选举不仅在剧本里，也在孩子们的生活中。

地　点　　金州森林里

人　物　　狮子(1人)　　绵羊(1人)

蚂蚁(1人)　　鸵鸟(1人)

猴子(1人)　　公牛(1人)

兔子(1人)　　青蛙(1人)

老虎(1人)　　企鹅(1人)

大象(1人)　　狐狸(1人)

老鼠(1人)　　老鼠伙伴(4人)

猫(1人)　　小狮子(1人)

其他动物若干

【剧　本】

场景一

〔森林里的小山上(摆一些树木、花草在舞台中间)〕

广播站播音员　亲爱的动物居民们,这里是金州森林广播站,今天是个特殊的日子,因为金州森林三年一度的管理员选举就要开始了。这是一件非常重要的事,在所有小动物里,狮子最喜欢选举了,因为大家总是把票投给它。看!选举马上就要开始了!(狮子从舞台右边上场,其他小动物从左边上场)

狮　　子　亲爱的,我最忠实的居民们,三年一度的森林管理员选举就要开始了。

〔非常自信、非常神气地走上舞台。(音乐《狮子王》起)〕

所有动物(齐)　我们都选你、我们都选你!

〔(有的单膝跪地,有的按摩腿,有的按摩后背)狮子王、狮子王……〕

狮　　子　不,不,不……现在金州森林已经是民主森林了,大家都可以参加竞选,今年我就不参加了,机会留给大家。

〔舞蹈:森林版《小苹果》

金州森林在这里
所有动物喜欢你
我们是个温暖家庭
公民权利人人有
竞选资格人人有
选举公正又很公平
变成蜡烛燃烧自己
只为照亮你
把我一切都献给你
只要你欢喜
你让我每个明天都
变得有意义
社会主义金州森林更加和谐〕

蚂　　蚁　　（声音小小地）那那那——我可以参选吗？

猴子、兔子、老虎　　它身体那么小，不可以吧。

大　　象　　我认为人人平等，所有的动物都有资格参加竞选，你们说对不对？（面向观众）

所有动物（齐）　　对啊！对啊！

狮　　子　　（想了想）嗯（站起来、起身手摸下巴），我接受这个提议，那就来一场公平、公正的选举大会吧，看看谁最终能获胜，所有人都可以参加竞选。

〔所有动物都欢呼〕

场景二

〔候选人演讲。出场动物有狐狸、老鼠、猫、小狮子、蚂蚁、绵羊、鸵鸟、公牛、青蛙、企鹅〕

〔森林广场（PPT上打横幅：金州森林管理员选举大会）〕

狐　　狸　　喔哦！亲爱的动物朋友们，我是今天金州森林管理员选举大会的主持人狐狸，在这次的选举大会上每种动物都派出了一名候选人，为了选出新的管理员，每位候选人都有一次演讲的机会，下面我宣布，演讲正式开始。

〔老鼠的海报被推上舞台，上面写着"老鼠最棒"〕

老　　鼠　　猫吃老鼠的时代一去不复返了！如果我是管理员，我天天给它们准备猫夹子，我们将把猫统统吃光！

老鼠伙伴　　（起哄声）唔，我们都选你，你就是我们心中最伟大的管理员。

〔紧接着，一只傲慢的猫上台了〕

猫　　如果我当了管理员，老鼠将成为我们的主食，早餐是老鼠，中餐是老鼠，晚餐还是老鼠，（以快板的方式快速说）把它们蒸了吃，煮了吃，烤了吃，煎了吃，炸了吃，炖了吃。选我吧！我保证你们永远都有新鲜的老鼠肉吃！

小 狮 子　　我的爸爸是上一届的管理员，我有这么优良的基因，一定可以把森林管理得更好。

兔子、猴子　　（悄悄地说话）它的爸爸是狮子王，我们是不是不用参加了，而且必须选它啊？

狮　子　大家不用担心，这次竞选绝对公平、公正，公开投票、唱票，得票高者当选。

蚂　蚁　（缓慢地）想做个有钱人吗？如果我是管理员，我会给大家安排更多的工作机会挣更多的钱，每天干20个小时都干不完哦！欧耶！（双手做胜利手势）

绵　羊　（唱歌：森林版《别看我只是一只羊》）

我想我只是一只羊

羊毛都出在羊的身上

你的羊毛只属于你自己

不要再为别人织毛衣

绵　羊　如果我是管理员，我们只为自己织毛衣（咩……）

鸵　鸟　我要是管理员，我就要为大家建造一座拥有商店、停车场、四条跑道和一条地铁线路的现代化大型飞机场。让大家吃喝住行都不是问题哦！

所有动物　谁来出钱啊？

鸵　鸟　啊——这个问题我还没有想过。（逃走……）

我只是一只小小鸟，

想要飞也飞也飞不高。（边唱边逃跑）

公　牛　（大声憨厚地说，粗声音）如果我是管理员，我会为大家建造一个免费的乐园，在那里，有吃有喝有穿的，还可以一起唱KTV，永远都相亲相爱。

猴　子　如果我是管理员，我将积极倡导自由、平等、公正、法治的价值观，在森林里，大家各行其责、互帮互助、共同进步，快乐幸福地生活在一起。

青　蛙　（说话快速流利）要让我说啊，就取消国家，不要管理员，什么交通管制，红灯绿灯谁先行，去他的斑马线、自行车道、汽车道！大家不会受到任何的管制，想走哪里就走哪里。嘿嘿……观众朋友们对不对啊！

企　鹅　路过，路过，我是出来打酱油的，你们继续啊！

〔接着大家开始了激烈的选举〕

场景三

〔公布选举结果〕

狐　狸　演讲结束了，选举的结果是猴子得了30票，其他选手每位得了一票，另有一票弃权，按照公平公正的原则，现在猴子就是金州森林的管理员了。

〔结束舞蹈〕

【大家评】

学生杨自牧

通过这个戏剧演出，我发现我们班好多同学都比以前有进步。以前发言时声音很小的同学，越来越自信了，发言时声音响亮，受到了老师们的夸奖！我们还明白了在台上要自信大胆地表演、在台下要认真安静地观看的道理。哪怕在台上只有一句台词，只有短暂的三秒钟，我们也要认真准备。同时，通过这个故事，我也学到了在投票选举班干部时，要把票投给最适合这个岗位的小朋友，而不是和谁关系好就投谁。

张璐老师

戏剧教育应以孩子们的个人成长为本，重视提升其个人能力。戏剧不能只停留在戏剧故事表面，还应让孩子们通过它发现自我、理解世界。

原创剧本

编剧：张　璐　代倩雯

谁动了我的奶酪

【剧本说】

《谁动了我的奶酪》创作灵感来源于语文课本《狐狸分奶酪》,狡猾的狐狸"好心"办"坏事",打着公平的旗帜却做着非正义的事情。狐狸认为,它分得很公平,谁也没多吃一口,谁也没少吃一口。然而,是这样的吗? 围绕着"公正"这一主题,老师和孩子们一起走进了戏剧创作。排练过程中,熟悉剧本、打磨表演细节的过程,不仅丰富了学生的课本知识,加深了他们对课文的理解,更提升了他们改编剧本、自我展现的能力。

知文、晓理、移情、立志、化行。戏剧正是通过小演员们的心领神会、实践探究得以进入他们的头脑和心灵,并以儿童的角度,去思考生活、学习问题,去演绎生活、学习中的真实故事。剧本中原本单一的文字,通过戏剧表演的形式变得更加多维、立体,富有生命力,也加深了学生对"公正"这一规则的切身体验和理解。

地　　点　　森林里

人　　物　　狗熊(1人)

狐狸(1人)

虎老大(1人)

熊哥哥(1人)

熊弟弟(1人)

小男孩(1人)

动物们若干

【剧　本】

〔在美丽的大森林里，住着一群可爱的小动物。它们在虎老大的带领下，过着幸福快乐的生活。又到了一年一度举办森林大会的时候啦，今年虎老大把发通知这个光荣的任务，交给了狗熊小弟〕

狗　熊　小伙伴们，我想死你们啦！我刚接到虎老大的命令，让我给大家发个通知。

狗　熊　大家注意啦！动物王国要开大会，请大家都来参加。动物王国要开大会，请大家都来参加。动物王国要开大会，请大家都来参加。

狐　狸　狗熊大哥，你这样说下去，说一百遍，大会也开不起来。

狗　熊　为啥啊？

动物们（齐）　时间、地点、谁来参加，你一样也没说。

狗　熊　对对对，你们说得对！

〔转眼，就到了开大会的那天。动物们载歌载舞，迎接森林居民们的到来〕

虎老大　我们的森林现在是越来越好啦，接下来我们要建设一个越来越公正的森林王国。

〔大会结束后，熊哥哥和熊弟弟满脸愁容，它们一路都在想到底什么是公正呢？走着走着，在路上见到了一块奶酪，高兴极了。可是，它们不知道怎么分这块奶酪，哥俩开始拌起嘴来。这时，狐狸跑了过来〕

狐　狸　小家伙们，你们在吵什么啊？

熊弟弟　我们有块奶酪，但不知道该怎么分。

狐　狸　这事好办，我来帮你们分吧！

熊哥哥　你分得不匀，那半块大一点儿。

狐　狸　好像是要大一点，别着急，看我的——

熊弟弟　可是现在熊哥哥的那一块又要大一点儿了！

狐　狸　别着急，看我的。

〔眼看奶酪就要被狐狸吃完了，这时……一个小男孩出现了〕

小男孩　你们在干什么啊？

熊哥哥　狐狸在帮我们分奶酪。

熊弟弟　可是……奶酪都快被它吃完了。

狐　狸　我可不是想吃你们的东西，为了公平，我不得不这样做。

小男孩　既然奶酪还没分好，不如让我来帮帮忙。

熊哥哥　那好吧，你可得好好分，奶酪都快没有了。

小男孩　放心，我一定给你们好好分。走，跟我来。这个小蘑菇真不错，这处嫩草也可以……

狐　狸　我们还要走多久，到底要去哪里啊？

小男孩　马上到了，快来。

小男孩　这是你的，这是你的，这是你的。好了，可以开动啦！

熊哥哥　这个蘑菇真好吃。

熊弟弟　配上奶酪甜蜜蜜的。

狐　狸　嗯嗯嗯，还有汤汁配合吃，浓郁浓郁真有趣。瞧，这可是我压箱底的宝贝。

〔就这样，大家你一口我一口，很满意地吃着奶酪。你一言我一语，大家都笑眯眯的，到最后谁都舍不得吃最后一口奶酪。原来，公正不仅仅是你一半我一半，更是公平的态度和正义的帮助〕

【大家评】

学生钱彦希　在剧中，我扮演的是一只贪吃的小狐狸，打着帮熊哥俩分奶酪的借口，趁机吃掉奶酪。因为我的狡猾和不公正，奶酪越分越小，最后都吃到我的嘴里了。不过在生活中，我可是一个讲公平公正的好孩子哦，因为我明白，只有这样才会交到更多的朋友！

丁莹丽老师　直白地给孩子们讲道理，谈社会主义核心价值观，说“公正”，大多数孩子都会感到有些单调。但本戏剧帮助我们很好地解决了这个问题。孩子们从剧本创编，选角公正到表演公正这一系列活动过程中，提高了他们的互助合作意识、沟通能力，可以说是“沉浸式”地理解了“公正”二字。

改编自《狐狸分奶酪》

编剧：丁莹丽　尹婷婷

社会主义核心价值观剧本——平等

竞　选

【剧本说】

班干部竞选是一个班级最普通也是必须要做的一件事情。我们通过观察发现，班干部大都是由成绩好的孩子担任，因此很多孩子在心里会认为只有成绩好的同学才有资格参加竞选。那些成绩差的孩子，虽然有上进心，想当班干部，可一想到自己成绩不好，就怕被同学们笑话，怕自己票数很少，于是就放弃了这个想法。为了让孩子们明白班级里的每位同学无论成绩怎么样，都有平等参与竞选的权利，我们创作了《竞选》这个剧本。在排练过程中，孩子们一点一点地体会到了班级里的每个同学都是平等的，都有平等参与所有活动的权利；还学会了善于发现别人的优点，时刻保持一颗积极向上的心。孩子们在角色扮演中、在情境中真正理解了“平等”的含义。

地　　点　　教室

人　　物　　小睿(1人)

欣桐(1人)

强强(1人)

小涛(1人)

老师(1人)

【剧　本】

第一幕

〔星期一的清晨，阳光明媚，小睿背着书包，走在上学的路上，他耷拉着脑袋，看起来无精打采的，其实心里装着心事呢〕

小　睿　(走进教室，坐在座位上)今天要竞选班干部，也不知道我可不可以报名，同学们会笑我吗？(把写好的竞选班干部的稿子看了又看)唉，还是先放起来吧。

欣　桐　(背着书包，开心地走进了教室，一眼看见了座位上的小睿)小睿，今天来得这么早啊，比我还早呢。

小　睿　(抬头看了一眼，轻声回答)嗯，今天起来早了。

欣　桐　老师说今天要竞选班干部哦，你也参加吧！

小　睿　(眼神躲闪，摆手)我，我就算了。

欣　桐　为什么？你是不是害怕选不上啊，没关系的，试试吧！

小　睿　可是……可是我的成绩……期末考得不太好，我怕……

欣　桐　怕什么啊，你期末已经有进步了。(突然发现小睿手里拿着东西)咦，你手里拿的什么，我看看。

小　睿　没什么，不给你看，你烦不烦。(赶紧放进书包里)

第二幕

〔上课铃声响了，老师走进了教室〕

老　师　同学们，今天是班干部竞选，愿意参加竞选的同学请举手。

〔小睿，四下看了看，慢慢地举手，举到中间，又放了下来，低着头，心想：我期末考试的分数不高，我有资格参加吗？〕

老　师　(看到小睿的手放下了)小睿，你要参加吗？

小　睿　老师，我(声音越来越小)我想参加。

老　师　好的，那你把手举好。同学们，等会儿大家按照顺序上来发表竞选演讲，小睿，你是第五个。

小　　涛　　(老师话音还没落)老师,小睿的成绩不好,他怎么能参加班干部竞选呢?我不同意。(小涛大声地说)

强　　强　　我也不同意,成绩一点儿都不好,上课还爱捣乱,他没有资格当班干部。(强强也站起来说道)

〔听到同学们这样说,小睿的脸一下子涨得通红,眼泪也涌了上来,这时欣桐一脸焦急地举起了手〕

老　　师　　欣桐,你想说什么?

欣　　桐　　老师,我觉得他们说得不对,小睿虽然成绩不好,可他期末考试已经有进步了,而且现在上课也听老师话了,不爱捣乱了,劳动也特别积极,有时还帮助同学呢!

老　　师　　是吗? 看来小睿同学知道自己的不对,已经在改正了。

强　　强　　老师,成绩不好的同学也能当班干部吗?

老　　师　　孩子们,每个同学都是班级里的一员,都有资格参加班干部竞选,每个人在班上都是平等的,小睿同学也一样。(说完,走到小睿面前看着小睿)小睿,你想当什么班干部呢?

小　　睿　　(抬起头看着老师,怯怯地说)我想当劳动委员。

老　　师　　很好啊,你准备好了吗?

小　　睿　　老师,这是我在家写的竞选稿。(边说边从书包里拿出来)

老　　师　　很好,等会儿你就上去演讲吧。

〔小睿按捺不住心中的激动和忐忑,因为这是他第一次参加班干部竞选,他拿着稿子在心里背了起来〕

老　　师　　小睿,该你了,去吧!

小　　睿　　(内心激动地走上讲台看了看老师。老师点头示意开始)老师好,同学们好,我竞选的是劳动委员。我热爱劳动,有力气,如果我当上劳动委员,我一定改掉坏毛病,上课不捣乱,认真学习,积极参加劳动,帮助同学,把教室打扫得干干净净,争取让我们班每周都得到"品样班级"的荣誉,请大家投我一票,谢谢大家。(说完,响起热烈的掌声,小睿激动地走到座位上)

老　　师　　小睿同学虽然成绩不太好,有缺点,但是他知错能改,老师相信他一定可以当好班里的劳动委员。

小　　涛　　老师,我明白了,每个同学都可以参加班干部竞选。

强　强　　老师，我也明白了。

老　师　　孩子们真懂事，在班级里，每个同学都平等享有参加竞选和投票的权利，我们不能因为同学考试考得不好或者调皮捣蛋就不让其参加，相反，我们应该支持他、帮助他。

老　师　　现在开始投票。（老师数了一下）小睿的票数很高啊，看来很多同学都是相信小睿同学的。

〔小睿瞪大了眼睛、不敢相信自己的耳朵〕

老　师　　（走到小睿面前）小睿，从今天起，你就是班里的劳动委员了，好好干哦，加油！

小　睿　　（使劲地点点头）老师，我会的。谢谢大家！

〔掌声又一次响起〕

【大家评】

冉霞老师

一开始我总觉得故事情节不够丰富，怕孩子们排练的时候觉得没有乐趣，可当定好角色进行排练时才发现孩子们的表现比我们想象的好得多。班干部竞选是班级里真实发生的事情，剧中的场景对于小演员们来说并不陌生。尤其在看到孩子能把成绩差的那个角色的神情和心理变化都表现出来时，我真的又惊又喜，看到了孩子们表演技能的进步，也看到了在角色扮演中小演员们的思想变化，他们对故事中“平等”的认同都体现在了一句台词、一个眼神和一个动作里。这就是戏剧的奇妙，在相似的故事情节中体验不同的人物心理，把“平等”带进了内心深处。

扮演老师的孩子收获也特别大，她语重心长的话语，表演时的微笑，都让我感受到她离开舞台也一定会是个友好的孩子。她在休息时说：“如果我们班下次竞选班干部，我一定不会看不起成绩不好的同学，我还要鼓励他们，说不定当了班干部成绩就好了。”

从小演员们身上我看到了戏剧对学生成长的意义，看到了孩子们的改变。用这样的方式将社会主义核心价值观中的“平等”呈现给观众，让大家都轻松地理解了什么是“平等”。

原创剧本

编剧：冉　霞

我们都是好朋友

【剧本说】

《我们都是好朋友》剧本是以平时小朋友之间在交友方面发生的问题为出发点创编而成的。在学校,某一个同学成绩不好、长得不好看或者穿得不好看等,都有可能成为这个同学没有朋友的理由。而每个孩子都是平等的,大家都有平等交友的权利。本剧以小鳄鱼的交友问题为切入点,让同学们在表演过程中主动地去换位思考,去体会每个角色的心理活动。在演绎剧本的过程中,孩子们懂得了不要以貌取人,也不要因为自己有一些不足而自卑,每个人都有自己的闪光点的道理。同学们在以后的生活中,遇到类似的问题,就能更多地从平等的角度去思考,更加自信地去保护自己的权利,更加勇敢地面对生活。

地　　点　　森林

人　　物　　小鸟(1人)

小兔子(1人)

小青蛙(5人)

鳄鱼妈妈(1人)

小鳄鱼(1人)

鳄鱼爸爸(1人)

小河马(7人)

小猴子(8人)

【剧　本】

第一场

〔舞台森林布景：有山，有树，有小房子，有河流。灯光亮〕

小青蛙1	你们看到了吗？那只小兔子今天上课的时候又睡觉了。
小青蛙2	就是啊，它一贯上课爱睡觉吗。爱睡觉不学习的就是小兔子！
小兔子	我就爱睡个觉，美容觉，哪像你啊，超级爱美又自恋，就觉得你有一副好嗓子。
小河马1	小猴子，你能不能慢点儿跑啊，我都追不上你了。
小猴子1	你少吃一点儿，就能追上我了。(嘻嘻)
旁白	虽然每个人身上都会有点儿小小的缺点，但是大家还算是能够和谐相处。

［灯光暗］

第二场

〔小河上，灯光起。小鳄鱼和鳄鱼爸爸、鳄鱼妈妈出场〕

小鳄鱼	妈妈，还有多久啊，好累啊！
鳄鱼妈妈	快了，你看前边那片树林，那就是我们的新家了！
鳄鱼爸爸	我们会有新房子，你也会有新的朋友，你开不开心呢？
小鳄鱼	哇，好开心啊，爸爸妈妈我们快点吧！我们要去认识新朋友了。
旁白	历尽千辛万苦，小鳄鱼和爸爸妈妈一起来到了新家，带着行李的一家人虽然略显疲惫，但也充满了兴奋，对新家充满了好奇，东瞧瞧西望望，一个不注意，碰到了躲在树荫下睡觉的兔子。
小兔子	(大叫)是谁啊，不但搅了我的好梦，还弄疼我了。
小鳄鱼	(慌忙道歉)对不起对不起，我不是故意的。
小兔子	不是故意的？你打扰了我的美梦，岂是对不起可以解决的。
小鳄鱼	我不是故意的啊，而且也道歉了，还要怎样啊？
小鸟	小兔子你不要这么凶，小鳄鱼第一次来我们家园，我们应该欢迎它。

小兔子　它长得这么丑，还这么理直气壮的，赶快离开我们的家园，我们这里不欢迎它。（说着小兔子跑开了）

小鳄鱼　（特别委屈地自言自语）一定是我不好，小兔子那么柔软，一定是让我弄痛了。

鳄鱼妈妈　别不开心了，你已经道歉了。

鳄鱼爸爸　可能大家还不熟悉，慢慢就好了。

〔小鳄鱼对于家园的新鲜感瞬间减少了一半，心里想着：一定是我长得太可怕了，吓到了可爱的小兔子〕

［灯光暗］

第三场

〔树林、河边，布景教室灯光起。小河马（包括群演）、小鳄鱼出场〕

〔小河马们在河边洗漱，嘻嘻哈哈聊着天，小鳄鱼走到小河马们身边〕

小鳄鱼　你们是不是也要去上学啊，我们一起走吧。

小河马2　谁要跟你一起走啊，你那么丑，你快走开，不要打扰我们吃早餐的兴致。

小鳄鱼　一定是我的长相吓到了身边的小伙伴！（小鳄鱼自言自语地说着）

〔小伙伴们陆陆续续都来到了教室，青蛙、河马、小兔子还有小猴子围成一团，叽叽喳喳地讨论问题〕

小青蛙3　跳远那是我的强项，我要报名跳远比赛，我一定能一举夺冠。

小青蛙4　那是，在跳远这方面，那压根儿不会有压力。稳赢！

小猴子　既然这么说，那我一定要报名跳高，你们有谁是我的对手啊！

小兔子　那我就再来一次短跑吧，这次我保证不睡觉，一定也能拿个第一！

小青蛙5　小兔子这个真难说啊，连小乌龟都赢不了。（哈哈哈）

小河马3　小兔子啊，这次可关系着我们班的荣誉，万万不可以出意外的啊。

〔小鳄鱼在教室的角落里静静地听了一会儿，心里想：原来是到了学校要开运动会的时候了啊，小动物们都报名了自己比较擅长的项目〕

小河马4　那现在每个比赛都有人报名了，可是还有个游泳接力比赛需要有人报名，现在除了我和小青蛙报名外，还缺一个人啊。

〔教室里鸦雀无声〕

小鳄鱼　(弱弱地发声)我游泳比较快,可以报名游泳接力比赛。

小青蛙1　我才不要你参加我们的队伍呢,拉低了我们队伍的颜值。

小河马4　就是啊,我一个人游个来回就可以了。

小兔子　没事,我可以帮你们,接力赛我来。

小　鸟　你们别吵了,比赛的荣誉才重要不是吗?还有小兔子你确定你可以游泳接力赛?

小兔子　我是一般不显摆,游泳那也是我的强项呢。(傲娇的表情)

〔小鳄鱼觉得自己没有小兔子那么多的技能,情绪十分低落,所以一个人悄悄地走出了教室。看着早上妈妈给准备的午餐,小鳄鱼内心很悲伤。但是想着妈妈那么早起来准备好的午餐,小鳄鱼还是收拾好心情,准备吃午饭。这时经过小鳄鱼身边的小青蛙和小河马等人正七嘴八舌地讨论着它〕

小青蛙们　谁愿意和它做朋友啊?

小河马5　就是啊,交朋友的标准是漂亮啊,这样出去也会倍儿有面子,你看我的朋友孔雀姐姐,那五颜六色的羽毛,多漂亮啊!

〔小鳄鱼听着大家的讨论,很是悲伤。也因此走神了,导致鱼刺插进牙齿里,特别痛〕

小鳄鱼　小青蛙,请你帮个忙,可以吗?我被鱼刺卡住了,特别痛,你能帮我下吗?

小青蛙1　我才不要呢,万一你是骗我的,那我还不被你吞掉了吗?

小河马6　就是啊,我们快走吧,它张着大嘴,很可怕呢。

小　鸟　小鳄鱼,我来帮你,但是拔出来的时候可能会有点儿痛,你要忍一忍啊。

小鳄鱼　好的啊!

〔小鸟帮助小鳄鱼把嘴里的鱼刺拔出来。小鳄鱼眼角流下了泪水,不是因为痛,而是因为小鸟的信任和不嫌弃〕

小鳄鱼　小鸟,感谢你对我的信任和不嫌弃,我们可以成为朋友吗?

小　鸟　当然可以了,以后我们就是好朋友了,一辈子的好朋友。

〔时间来到运动会的这一天,大家摩拳擦掌,准备为自己的队伍赢得好成绩。小鸟作为队里的最后一棒,肩负很重要的任务,因为和别的队伍差距比较大,所以很着急,风一般地冲出去,不承想被树枝挂到了翅膀，且伤得很重，开始下坠。这时，小鳄鱼快速跑上去接住了小鸟，并驮着小鸟快速地冲向终点，最终夺得了冠军。小鸟和小鳄鱼开心地欢呼）

小　　鸟　　真的太感谢小鳄鱼了，不光救了我，还帮我们团队赢得了比赛，你们说是不是啊？

小河马1　　是的啊，小鳄鱼很勇敢啊。我很佩服呢！

小　　鸟　　小青蛙，你觉得呢？小鳄鱼帮我们赢了比赛呢！你愿意跟小鳄鱼做朋友吗？

小青蛙1　　嗯！（小声一点）

小 鳄 鱼　　好开心啊，感谢大家愿意接纳我。

小　　鸟　　尝试着跟小鳄鱼交朋友，大家会发现，小鳄鱼很善良的，不能以貌取人的，每个人都有交朋友的权利，每个人也有选择朋友的权利。

大家（齐）　　我们都是好朋友。

【大家评】

常笑妈妈　　小朋友们真正做到了全员参与，无论他们扮演的是主要角色还是只是一棵树，都非常投入。每个孩子对于自己平等交友的权利也有了更深刻的认识。

学生陈思贝　　这是我第一次演主角，心里好紧张，不过我很开心可以站在舞台中间。虽然我演的小兔子还有点儿坏，但是还是学会了要友善地对待别人，不以貌取人。我以后也会好好对我的朋友们的。

学生张辛卯　　我扮演小鳄鱼的时候，一开始觉得很伤心，还有点儿怪自己，是不是自己不好所以才没有朋友。不过最后我知道了，每个人都可以交到很多好朋友，和长相、成绩这些都没有关系。生活中，我也会更勇敢地去交更多的朋友。

原创剧本

编剧：李传奇　殷泽芳

我是冠军跳跳蛙

【剧本说】

进入小学后，孩子们将独自面对一个小社会。在这个小社会里，他们需要学习平等待人、不搞特殊化，因此，“平等”是一项必修课，但一味地对其说教难以入脑入心，因此就有了由绘本改编的戏剧《我是冠军跳跳蛙》。在本剧中，我们塑造了孩子们喜欢的卡通人物，并从浅显且典型的事例中让孩子们感受平等和友好的重要性。既然要体现“平等”主题，我们在选拔角色时先由同学们自愿报名，再在全班试演，最后公开投票决定，整个过程让同学们体验到什么是“平等”，因此，没人有一句抱怨，排练和演出都非常顺利，这就是“平等”的力量。

地　　点　　森林

人　　物

跳跳蛙（1人）	猫妮卡（1人）
小青蛙（1人）	小白兔（1人）
红袋鼠（1人）	小狐狸（1人）
小松鼠（1人）	小袋鼠（1人）
小浣熊（1人）	小女孩（1人）
肥猫（1人）	乖乖虎（1人）
猪猪侠（1人）	壮壮牛（1人）
菲菲兔（1人）	小白龙（1人）
狗蛋（1人）	伙伴甲、乙、丙、丁（4人）

【剧　本】

第一场

〔开场后，小白兔等10个小伙伴们簇拥着跳跳蛙走上台，它们开开

心心地往另一侧走去〕

小白兔等小伙伴们　(边跳边拍手)跳跳蛙！跳跳蛙！欢迎跳高冠军跳跳蛙！

〔另一侧，是小松鼠和小浣熊在红袋鼠山庄门口站岗〕

小松鼠　停！

跳跳蛙　干什么？

小浣熊　汽车不准进山庄，要停到停车场去！

伙伴甲　喂，跳跳蛙代表我们山庄参加跳高比赛，获得了冠军呢！

伙伴乙　对冠军怎么可以这样？

小松鼠　谁都不可以——山庄的规定要遵守，谁也不能搞特殊！

伙伴丙　就这一次行不行？

小浣熊　一次也不行，规定就是规定！

伙伴丁　那，让山庄主人红袋鼠出来，看它让不让进！

小白兔等小伙伴们　对，对，看它让不让进。

跳跳蛙　你们看到了，你们不让我的车子进，大家很有意见哦。

〔红袋鼠从一侧走出来，跟着小狐狸等10个小伙伴，它们一起朝跳跳蛙摆手〕

红袋鼠　欢迎跳高冠军回到山庄，但是汽车要先停在停车场！

小狐狸等小伙伴们　身为冠军，更要遵守秩序！

小松鼠、小浣熊　任何人不许例外！

跳跳蛙　(羞愧地)它们说得对！我们要遵守！

〔跳跳蛙带领着粉丝们一起退场〕

第二场

〔这时候小青蛙从一侧走出，路过红袋鼠〕

小青蛙　亲爱的山庄主人红袋鼠，请问你看到跳跳蛙了吗？我想跟它学跳高。

红袋鼠　哈哈，你看，它在那里呢，它是我们山庄新的冠军！

〔小青蛙蹦蹦跳跳走过去，路过门卫室，小浣熊朝它微笑招手，它没有理睬，蹦蹦跳跳地走到跳跳蛙身边〕

小青蛙　亲爱的跳跳蛙，我可以跟你学跳高吗？

跳跳蛙　可以啊。但是你先捡起你丢掉的一件东西哦。

小 青 蛙　　什么啊?

跳 跳 蛙　　礼貌。

〔小青蛙慢慢走到小浣熊身边,低头认错〕

小 青 蛙　　对不起。

小伙伴们　　礼貌,很重要。

小 青 蛙　　我以后一定学会跟您打招呼。

〔一个小女孩走上台,手里拿着一根香蕉,看到小青蛙的表现,笑眯眯把香蕉递给小青蛙〕

小 女 孩　　小青蛙表现真好,奖励你一根香蕉吧。

〔小青蛙说了声“谢谢”,然后吃香蕉,顺便把香蕉皮扔在地上。这时候小袋鼠正在打扫卫生,忽然看到地上的香蕉皮,于是捡起来〕

小 袋 鼠　　不许随便扔垃圾哦。

小 青 蛙　　为什么?

小 袋 鼠　　你怎么不讲卫生啊?

小 青 蛙　　喂,你在说什么,我怎么听不懂! 我如果不扔垃圾,还需要你干什么啊?

小 袋 鼠　　什么? 你怎么能这样说? 气死我了!

〔这时候肥猫等10个小伙伴也默默走到小袋鼠身边,一起严肃看着小青蛙〕

肥　　猫　　不讲卫生。

乖 乖 虎　　不讲道德。

猪 猪 侠　　不尊敬长辈。

壮壮牛、菲菲兔　　没礼貌。

芬迪猫、鼠宝　　不许走,你要被批评。

小白龙、狗蛋、猫妮卡　　对,要批评你。

小 青 蛙　　(把小伙伴们赶走)啊啊啊啊啊啊,烦死啦! 走开走开!

〔小青蛙走到跳跳蛙身边〕

小 青 蛙　　请问,可以教我跳高了吗?

跳 跳 蛙　　不行,你又丢掉一件东西哦。

小 青 蛙　　是什么?

跳 跳 蛙　　是尊重。

〔小青蛙回头,若有所思地返回到小袋鼠身边〕

小青蛙　　对不起，以后我再也不会了。

小袋鼠　　这样才对吗。

小伙伴们　　尊重很重要。

跳跳蛙　　虽然每个人的能力有大小，做事有分工，但是大家要互相尊重哦。现在你把“礼貌”和“尊重”都找回来了，我们可以一起学习知识了。

〔所有小伙伴一起鼓掌，大家聚在一起，一起朗读《平等谣》〕

齐　读　　说平等，道平等，
平等不是小事情，
好像我们玩游戏，
你当将军我当兵，
我们一齐打冲锋！

说平等，道平等，
平等道理要讲明。
平等不分高和低，
平等不论富和穷，
我们都是小学生。

从小心中有平等，
肯定能做大事情，
懂得爱护与尊重，
走遍天下人欢迎！

——葛冰：《平等谣》，载《核心价值观童谣100首》，中国少年儿童出版社，2014，第64页。

【大家评】

高钰鹏老师　　“平等”一直是我们所追求的，这个戏剧，将“平等”带到孩子们身边，让他们真正有所感悟，平等待人会换来友好，不搞特殊会换来尊重。戏剧形式所带来的效果远大于说教，也深受孩子们喜爱。戏剧节一直是孩子们最喜爱的节日，在筹备过程中，全班一条心，积极认真地参与，增强了班级凝聚力。

学生马艺倬

在剧中我扮演的是跳跳蛙,同学们说我很适合。我先把自己想象成冠军,做出一副目中无人的样子,后来被提醒了,我觉得这样是不对的,于是知错就改。从这次表演中我知道了,任何人都是平等的,要遵守规则,才会受人尊重。

改编自绘本《植物大战坏行为·平等篇》

编剧:高钰鹏　何　柳

社会主义核心价值观剧本——自由

自由平等的森林

【剧本说】

《从现在开始》是一篇有趣而又令人回味无穷的童话故事。它讲述的是狮子想找一个动物来接替它做万兽之王，雄心勃勃的猫头鹰和袋鼠粉墨登场后以自我为中心，不懂得尊重别人的生活习惯和生活方式，导致民怨沸腾。相反，后来上台的小猴子提出了“以人为本”的方案，让大家一如既往地按照自己习惯的方式过日子，得到了小动物们的认可。

同学们在阅读该童话故事时，能读懂故事情节，知道每个动物都有按自己方式生活的自由，要尊重每个动物的生活方式，对故事的理解比较浅显。在同学们的生活中，也有很多以自我为中心、不尊重他人的现象，所以教师应引领同学们对这个故事深入理解并达到深层次的“知”，甚至能落实到“行”，做到“知行合一”。

教师带领同学们以童话故事《从现在开始》为材料，根据学生的特点成立剧本创编、道具筹备、LED 背景制作等多个组。剧本创编组把故事情节改编成一个个场景，把故事内容创编成动物间的对话、表情和动作，创造出多个角色，衍生出剧本《自由平等的森林》。教师结合班里同学们的特点和特长进行试演，最终确定角色，让每个同学都参与其中，成为故事中的一员，而不是一名旁观者，让同学们在亲身体验中加深对故事的理解。

地　　点　　森林

人　　物　　老虎（1人）

猫头鹰（1人）

狐狸（1人）

黄莺(1人)

熊(1人)

袋鼠(1人)

猴子(1人)

【剧　本】

〔老虎坐在宝座上。背景音乐《鸟鸣声》响起〕

黄　　莺　　天亮了,小伙伴们快起来,快起来!

老　　虎　　(坐在椅子上,拿一本书)唉,年纪越来越大了,这么大的森林,这么多的动物(左手扬起,然后右手往上扬起),看来得找一个德才兼备的人来做新的万兽之王了。可是,(转来转去,想)找谁来接替我呢?(手一拍)对,就这么办。

老　　虎　　来人呐!

狐　　狸　　到,大王,你有什么吩咐?

老　　虎　　去告诉黄莺,让它召集森林里所有动物,明天上午九点来森林广场集合,本王有重要事情宣布。

狐　　狸　　是,大王。(边跑边大叫)黄莺,黄莺,大王有令。

〔第二天上午九点〕

黄　　莺　　(展翅飞出)小伙伴们,小伙伴们,快来啊!

众 动 物　　来了,来了。

猴　　子　　大王驾到!

老　　虎　　(很神气地站在宝座旁)大家好!

众 动 物　　好,很好,非常好,耶!

老　　虎　　今天把大家召集起来,是要看看大家的本领。我快要退休了,现在要选一位品德高尚、有才能的人担任新的万兽之王。

〔众动物开始小声地议论:真的吗?那我不是也有机会了?〕

猴　　子　　安静,大王有话说!

老　　虎　　从现在开始,你们轮流当万兽之王,每个动物当一个星期,谁做得最好,谁就是新的万兽之王。

众 动 物　　好啊,好啊。

老　　虎　　那么谁第一个上任呢?

众 动 物　　我来,我来。

猫 头 鹰　　我来,我来,谁都别抢,我第一个来。

老　　虎　　别吵了,都有机会。猫头鹰你第一个来,第二个袋鼠,然后是小猴子。第一个星期,大家要听猫头鹰的话。

众 动 物　　(点头)是。

猫 头 鹰　　(得意地走上宝座)哈哈!

狐　　狸　　猫头鹰大王,请您发布命令吧。

猫 头 鹰　　你叫我什么,再叫一遍?

狐　　狸　　我叫您大王啊! 大王,您好!

猫 头 鹰　　嗯(得意地边说边点头),从现在开始,你们都要像我一样,白天休息,夜里做事。

众 动 物　　啊?(惊讶)

黄　　莺　　这可不行啊。

众 动 物　　是啊! 是啊!

猫 头 鹰　　我是万兽之王,我说了算,都去吧。

众 动 物　　是(不情愿)。

[众人下场,灯光熄灭]

[开灯光]

〔第二个星期〕

黄　　莺　　(边飞边说)这一个星期,白天休息,夜里做事,可把我累死了! 苦日子终于到头了!

熊　　袋鼠,你可千万别跟该死的猫头鹰一样,让我们熬夜啊!

袋　　鼠　　放心,我袋鼠绝不会像猫头鹰那样的。我的第一个命令是,从现在开始,取消猫头鹰白天休息,夜里做事的命令。

众 动 物　　(拍手)好,好! 大王英明!

袋　　鼠　　(坐上宝座)我的第二个命令是从现在开始,你们都要跳着走路!

众 动 物　　啊? 不会吧?(都瘫坐在地上)

袋　　鼠　　集合!

〔众动物排队,开始跳〕

〔众人跳着下场〕

〔第三个星期〕

猫头鹰　唉,跳了一周,好累啊,终于该换人了。

黄　莺　就是,不过猴子不会让我们爬树吧?

兔　子　啊? 千万使不得啊!

黄　莺　(对猴子说)大王醒醒啊,大家都来了。

狐　狸　大王,请您发布命令吧。(小心翼翼地)您不会让我们住到树上去吧?

猴　子　那当然不会,从现在开始每个动物都照自己习惯的方式过日子。

众动物　好啊,好啊!

狐　狸　老虎大王驾到。

老　虎　不用再轮了,就小猴子啦! 我郑重宣布,从现在开始,小猴子就是新的万兽之王了。

众动物　好啊,好啊。

〔狐狸为猴子披上披风,虎王授权杖。《小鸟小鸟》音乐伴奏起,森林里所有动物和植物一起舞蹈歌唱。

小袋鼠蹦蹦跳,
小狗熊睡大觉,
黄莺黄莺你自由地飞翔。
小猴子当大王,
动物们齐欢笑,
我们我们自由又快乐。
啦啦啦啦啦啦啦啦
…………〕

【大家评】

学生杨孝诚

在这个剧本中,我饰演的是第一个试当大王的"猫头鹰"。"猫头鹰"这一角色,在剧中的心情变化较多,演起来难度较大。如在老虎大王刚宣布"选拔接班人"命令时的急切,当上大王时的得意,发布命令时的神气,以及袋鼠试当大王时跳着生活的难受。为了演好这个角色,我经常利用课余时间揣摩故事中"猫头鹰"的心理,在爸爸妈妈和同学们面前表演,听取大家的意见,还在网络上去找一些表演视频,学习一些表演技巧，并认真听取老师的指导意见，最终把“猫头鹰”表演得活灵活现，得到了大家的好评。从创编剧本、筹备道具到努力学习演好“猫头鹰”，我的表现能力更强了，也知道了演好一个角色很不容易。通过饰演“猫头鹰”这个角色，我还深刻地体会到要尊重别人的生活方式，以自我为中心的自由是个人的自由，不是真正的自由。

程茜老师

在排练的过程中，有意外，也有惊喜，如黄莺的扮演者受伤了，临时换的小演员扛住了压力。整个剧情设计站在了儿童立场，孩子们在表演的过程中，学会了合作、谦让、体谅，体悟自由的含义。

改编自童话《从现在开始》

编剧：陈国花　程　茜

让足球飞

【剧本说】

《让足球飞》剧本是根据学生在学校的行为表现创编而成的。不管是刚入学的学生，还是处于叛逆期的学生，大多还没有规则意识，且自我意识较强，做任何事情都以自我为中心，而忽略了应当遵守的规则，并且对自由的理解有偏颇，甚至打着自由的幌子做出错误的事情。所以本剧通过飞飞踢足球的故事，让学生知道自由的前提是要遵守规则，而不是肆意妄为。

剧中的台词是基于三年级学生的心理特点、语言表达方式，站在儿童立场进行创编的，所以学生演起来就更加真实，也容易入戏。用贴近生活的故事，让学生更加深刻地理解戏剧背后蕴藏的道理，在潜移默化中约束和规范了他们生活中的行为细节，如规范课间玩耍行为，培养自律习惯，勇于承担责任，树立规则意识等，从而达到角色育人的目的，帮助学生树立正确的价值观念。

地　点　　家里、足球场、城市街道

人　物　　飞飞——男，10岁。爱踢足球、脾气火暴、自负的小学生

飞飞妈妈——女，35岁。温柔、讲道理的家庭主妇

乐乐——男，10岁。足球俱乐部的成员，懂事

小天——机器人。城市管理小帮手成员，可以变形为飞机

小美——机器人。城市管理小帮手成员，可以变形为汽车

摊贩——女，41岁。在路边卖水果，比较冲动

路人——女，35岁。打电话通知城市管理小帮手，理性

踢足球的群众——男，8—12岁。足球俱乐部成员

摊贩群众——男/女，30—50岁。街边商贩（水果、花、面包等）

路人——男/女。各个职业

【剧　本】

第一场

〔一个天气晴朗的下午，飞飞妈妈在家里做家务，飞飞正埋头写着作业〕

飞　飞　作业终于写完了，可以出去玩会儿了。

妈，我出去玩了。

飞飞妈妈　飞飞，吃点儿东西再去吧。

飞　飞　不用，我和俱乐部的朋友们都说好了，要去踢足球，再不走就来不及了。

飞飞妈妈　那你踢球的时候一定要注意安全。记住！只能在球场上玩，千万不能到街道上去踢。

飞　飞　妈啊，您别说了，您都说了好多遍了，我都能倒背如流啦，不说了，走了。

飞飞妈妈　你慢点儿，注意安全。

〔飞飞妈妈心中有些无奈，然后关上门继续做清洁〕

第二场

〔音乐响起，足球俱乐部的成员们正在球场上踢球〕

乐　乐　飞飞，你终于来了。

飞　飞　哎呀，不是在家写作业吗！不说这些，我们开始练习吧！

乐　乐　对了，最近又学了什么新招式？给我瞧瞧。

飞　飞　瞧瞧就瞧瞧，看仔细了哦！

〔飞飞开始展示新招式——颠球〕

飞　飞　怎么样？

乐　乐　这也算新招式？我上周就会了好吗？对了，上次让我们练习顶球，你会了吗？

飞　飞　哼！居然小瞧我！你看着，我飞飞的顶球，那不是一般人可以比的。

〔飞飞把球踢到空中，身体一跃，用头把球顶出了球场，飞到了街边，砸中了旁边卖水果的摊子，球又被弹到路边〕

第三场

〔飞飞和乐乐急忙跑出球场，去捡球〕

乐　乐　飞飞，你这顶球真是一般人比不了！

飞　飞　我没夸张吧，这高度、这射程，无人能及。

〔摊贩怒气冲冲地从飞飞的背后走来〕

乐　乐　（放低音量、边说边用手悄悄指摊贩）可这下，你闯祸喽！

飞　飞　闯什么祸？又没砸到人。

摊　贩　你们两个臭小子，打坏了我的水果，赔钱！

乐　乐　阿姨，球不是我踢的，不要找我赔。是他，弄了一个顶球，把您的摊子砸了。

飞　飞　乐乐你……阿姨这可不怪我，谁让你的摊子摆在球场外面呢？我只是不小心踢出来了，幸好我技术好，不然砸的就是你了。

摊　贩　好你这个臭小子，砸了我的水果摊，你还有理了。大家快过来给我评评理啊！这个小孩砸了我的水果摊，不认账。

〔路上的人都围了过来，有的摊贩说我看见的，就是那个小孩踢的球；有的人说这谁家的小孩，这么不懂事，大家你一言我一语地讨论着〕

飞　飞　我说了我不是故意的，谁叫你们把摊子摆在球场外面呢？明摆着挨踢吗！

摊　贩　我们每天都在这里摆摊，都没遇到过这种事情，你这个孩子怎么不讲道理呢？明明是你的不对。

乐　乐　飞飞，这件事情你也有责任，要不让你妈妈来赔钱，你给阿姨道个歉就算了。

飞　飞　道什么歉，我又没错。我这属于正常踢球。我爱怎么踢就怎么踢，我想在哪里踢就在哪里踢，你管得着吗？现在我就让你们看看我的新招式——旋风球！

〔飞飞踢出的球，让众人都慌慌张张地跑开，躲了起来，怕被球误伤。最后球砸中了鲜花摊子，花撒了一地，飞飞跑到球边〕

飞　飞　还有光速球。

〔球又飞快地砸到了路灯，路灯晃了晃；球又反弹到旁边店铺的玻

璃上，玻璃一下子就碎了，飞飞紧跟着球，乐乐在后面追着喊〕

乐　　乐　　飞飞，快停下来！

飞　　飞　　乐乐，看我们谁先追到球。看我的完美射门！

〔球又击中了卖菜的摊子，一旁的路人受到了惊吓，拿出电话〕

路　　人　　喂！您好，请问是城市管理小帮手吗？哎哟……（被球又惊吓到了）这里是足球俱乐部附近的街道，有两个毛毛躁躁的小孩乱踢球，造成了混乱，请快点来处理一下，维持秩序，都快乱成一锅粥了！

小天和小美　　收到，马上到达！

小　　天　　小美，你去接飞飞的妈妈，我去阻止飞飞。

小　　美　　事不宜迟，赶快行动，注意安全。

小天和小美　　城市管理小能手，出发！

〔小天变成飞机，小美变成汽车出发了〕

第四场

〔尽管路人和乐乐一直在劝导，但飞飞却没有要停下来的意思，继续破坏着公共设施。小天飞到街道上方，看到飞飞正在乱踢球〕

小　　天　　飞飞快停下，不然后果很严重！

飞　　飞　　我才不停下来，你看我的球技多好，百发百中，厉害吗？给你展示一下我的旋风无影脚！

〔球一下飞向电线杆，小天急忙飞过去保护电线杆，结果球砸到了小天身上，又反弹到了对面的墙上〕

飞　　飞　　哇，你的球技也不错哟！再来，接球。

小　　天　　（最后被球击中了，落到了地上，抱住了球）不不不！啊！

飞　　飞　　小天，你也太逊了吧，这就不行了！还是和乐乐踢比较好玩。

咦，乐乐呢？

第五场

〔飞飞妈妈气喘吁吁地赶来，身后站着小美、乐乐〕

飞飞妈妈　　飞飞快停下，你都做了些什么？

〔飞飞闻声转过身，看到了他的妈妈，又环顾了四周，近处的路人和摊贩，都躲了起来，地面一片狼藉，飞飞愣在了原地，不知所措〕

乐　　乐　　总算追到你了。看你干的好事！看你怎么收场。

飞飞妈妈　　飞飞，我不是告诉你，不要在街上踢球吗？看你闯了多大的祸。

飞　　飞　　我不过是踢个球，展示我的技术吗。踢球是我的自由，我想在哪儿踢就在哪儿踢，再说了谁叫他们把摊子摆在球场外面。(边说边低下了头，声音越来越小)

飞飞妈妈　　飞飞，每一个场地都有它的用途，妈妈没有限制你踢球，但我们也要遵守规则，踢球就应该在球场踢，你在球场上展现你的球技，妈妈肯定为你点赞，但是到街上踢，造成了破坏，那可不行。

飞　　飞　　妈妈，我知道错了，我下次不会这样了，我这就去给叔叔阿姨们道歉。

飞飞妈妈　　知错能改就好，你还要感谢乐乐、小天和小美的帮助。

飞　　飞　　谢谢你们的帮助。小天，对不起，还把你踢伤了。我下次一定不这么调皮，一定听你们的劝。

小　　天　　这点小伤不碍事。

乐　　乐　　额！还有下次？

〔小天、小美偷偷地笑了，飞飞不好意思地摸了一下自己的后脑勺〕

小　　美　　让我们一起帮助他们打扫吧。

飞　　飞　　(走到各个摊子前)叔叔(阿姨)对不起，我来帮你们打扫。

〔几人一起帮助商贩们打扫和整理东西，全部下了场，结束〕

【大家评】

周司阳老师　　以前班级中经常会发生一些小摩擦，同学们觉得上课说话是他们的自由，走廊奔跑也是他们的自由，那自由到底是什么？仅凭单纯的说教，很难让同学们理解。全班同学通过参与《让足球飞》的表演，置身表演情境中，感受剧中人物的思想情感，拓展思维的宽度、深度，逐渐懂得自由也是有边界、有约束的。

我发现戏剧带来的改变不止这些。它还能增强孩子的自信心，让羞于表达的孩子能够大方地展现自我；它能提升团队凝聚力，让所有孩子在相互配合中换位思考，推己及人，等等。所以戏剧不仅能提升孩子们的舞台表现力，还能全方位地提高孩子们的感受力、合作力、创造力等，帮助他们建立正确的人生观、世界观、价值观。

学生陈思佑

第一次站上舞台，我的心情非常激动、非常兴奋。虽然演出的过程有一点儿小插曲，但是我非常享受这个舞台，戏剧带给我快乐，耶！

原创剧本

编剧：苏　娅　周司阳

小小少年

【剧本说】

为庆祝中国共产党成立100周年，落实立德树人根本任务，引导青少年从小听党话、感党恩、跟党走，厚植爱党、爱国、爱社会主义情怀，学校老师根据“小萝卜头”（宋振中）的故事创编了儿童剧——《小小少年》。剧本修改了几十次，最终首演确定为40分钟的版本，后期由于各种场合演出需要，精简为目前的15分钟。

该剧本讲述了年龄最小的革命战士“小萝卜头”穿越到2021年，与调皮活泼的夏小天相遇。剧本通过“小萝卜头”与当代小学生的时空对话，展现了革命烈士顽强不屈的坚毅品格和崇高的爱国主义精神，突出今天的幸福生活来之不易。《小小少年》是一部带有重庆文化特色和红色基因的戏剧，我们希望通过演员们的表演，将观众带入那段艰苦卓绝的年代，感受不同年代的自由与向往，引导同学们珍惜来之不易的幸福生活。

地　点　　博物馆、家中、学校、歌乐山

人　物　　小萝卜头——男，8岁。《红岩》历史中的人物，因一次意外穿越到现代

夏小天——男，10岁。活泼调皮的机灵鬼，金州小学四年级的学生

高老师——女，29岁。温柔善良的金州小学语文老师

同学们——夏小天的同学们。男、女共18人

【剧　本】

第一场

〔音乐。初春，高老师带着同学们一起参观博物馆〕

高老师　　那是1941年的寒冬，一个8个月大的男婴随母被捕入狱，他的名字叫宋

振中。他跟随他的妈妈在阴暗潮湿的牢里受尽了国民党反动派的摧残和折磨。我们的小英雄宋振中,因为营养不良,导致头大身小,故而被狱中同志亲切地称为“小萝卜头”。

夏小天　脑袋大身体小？我刚出生的妹妹也是脑袋大身体小,但是她每天都喝奶粉,一天要喝好几瓶呢……

同学A　夏小天,你能不能不要打断高老师讲课!

同学B　就是,你一天天怎么净捣乱!

同学C　高老师讲的“小萝卜头”多感人啊,你不想学,可不要打扰我们听讲!

众人(齐)　就是！就是!

高老师　夏小天,如果你有疑问,要先举手,再提问,不然你会打扰到这么多听讲的同学。

夏小天　哦,不好意思,各位。

高老师　好了,同学们,我们继续参观,咱们边看着文物史料,边听老师给你们讲“小萝卜头”的故事,好不好?

众人(齐)　好!

〔同学们跟着老师,边听讲解边下场,夏小天突然回头,从队伍里溜了出来〕

〔夏小天刚想把手里的册子撕掉,“小萝卜头”出现在舞台上〕

小萝卜头　别撕我!

夏小天　谁！是哪一路英雄好汉?

小萝卜头　“小萝卜头”。

夏小天　你就是“小萝卜头”？看起来,是挺像萝卜头的。你从哪来的?

小萝卜头　书里面,理论上只有你可以看见我。

夏小天　这个东西?

小萝卜头　嗯！欸,别合上！你合上了它,我会消失的。

夏小天　好！我正要问问你,刚才高老师讲的都是真的?

小萝卜头　嗯,但不全面,关于我的故事三天三夜也讲不完。

夏小天　吹牛！好,那你就跟我回家,慢慢讲!

小萝卜头　啊!

〔夏小天合住了册子,“小萝卜头”消失〕

第二场

〔夏小天回到自己的房间后小心翼翼地打开了手中的册子〕

夏 小 天　欸。

小萝卜头　哇！这里是哪里啊？

夏 小 天　我家啊，欸，你别乱动，这个奖杯对我很重要的！

小萝卜头　什么是奖杯，它怎么金光闪闪的？

夏 小 天　这个……这个呀，是，是我在学校的篮球比赛里拿了MVP。

小萝卜头　什么P？

夏 小 天　MVP！哎呀，意思就是说我得了第一名！

小萝卜头　哇，那你很厉害啊。

夏 小 天　那当然，你不要客气，随便坐。

小萝卜头　哎哟，这个椅子怎么还会吃人啊，快救救我！

夏 小 天　这不是椅子，这是懒人沙发……唉，我看啊，你需要学习的东西还有很多！

小萝卜头　我是喜欢学习的，你可以教我吗？

夏 小 天　鄙人姓夏，名小天，你可以叫我小天老师。

小萝卜头　小天老师好，我叫宋振中，妈妈叫我“森森”，大家都叫我“小萝卜头”。

夏 小 天　嗯，我要给你上的第一课就是“衣”！

小萝卜头　衣服的衣吗？

夏 小 天　聪明！作为一个现代人，你要懂得潮流。来，把这个穿上，再把这个戴上。嗯，我看看，再加上一个墨镜，啧，太帅了。

小萝卜头　世界怎么变黑了？

夏 小 天　这是墨镜，顾名思义，就是一个看什么都是水墨画的眼镜。

小萝卜头　哦……

夏 小 天　第二课，就是“食”！

小萝卜头　这个我知道，民以食为天！

夏 小 天　啧，孺子可教，我问你。你们那个年代都吃些什么啊？

小萝卜头　黑米饭，烂菜叶，几片咸菜。我可以吃两天。

夏 小 天　那你吃过糖吗？

小萝卜头　糖？我知道。我听监狱里的大人们提起过，他们说糖是世界上最甜的东西！

夏 小 天　　喏，你尝尝。

小萝卜头　　这就是糖？

夏 小 天　　尝尝，甜吗？

小萝卜头　　甜，非常甜！

夏 小 天　　那这些糖你都带回去。

〔夏小天把盘子里的糖，全部倒进“小萝卜头”的挎包里〕

小萝卜头　　啊，这么多的糖，我要回去分给妈妈，分给黄老师，分给狱中的叔叔阿姨们。

夏 小 天　　喏，这里还有水果、零食，还有可乐，你都打开尝尝。

小萝卜头　　哇，这些花花绿绿的东西都是吃的吗？

夏 小 天　　这还只是一小部分，来，我给你拧开。

小萝卜头　　哇，这是什么水啊，甜滋滋的，真好喝。

夏 小 天　　这是可乐，也叫“肥仔快乐水”。

小萝卜头　　快乐水？这名字真不错。

夏 小 天　　这是鸡蛋糕，鸡蛋和蛋糕的结合体；这是饼干，中间是奶油；这是薯片，土豆做成的，有各种口味……小萝卜头，你怎么了？

小萝卜头　　我有点儿想妈妈了……小天，你们的生活可真好啊，要是我和妈妈也能生活在这里就好了，昨天晚上，妈妈为了我，连一口咸菜都舍不得吃，我想她了……

夏 小 天　　小萝卜头……

小萝卜头　　不过还是谢谢你，小天。

夏 小 天　　不用客气。

［钟声］

夏 小 天　　哟，这就十二点了！睡觉睡觉睡觉，真是困死我了……你在做什么？

小萝卜头　　我找一些茅草。

夏 小 天　　现在可是二十一世纪，床，这个，这个就是床。

小萝卜头　　不用睡在地上？

夏 小 天　　不用。只要你往这儿一坐，往上一躺，被子一盖，你就有了属于你自己的世界。

小萝卜头　　啊——好黑啊！

夏 小 天　　胆小鬼。

小萝卜头　　这是什么？

夏　小　天　　手电筒。你在监狱里会害怕吗?

小萝卜头　　我可不怕,监狱里那些警察可比这吓人多了。妈妈说“小萝卜头”是世界上最勇敢的人! 只要心中有了光明,就不会两眼一抹黑。我的老师黄伯伯还说,知识就是力量,等我们出去了,自由了,我就能用知识带给更多人自由。

夏　小　天　　自由?

小萝卜头　　对,自由! 小天,你想成为一个什么样的人?

夏　小　天　　我也要像你一样,做一个勇敢的人!

小萝卜头　　那我们两个就都是世界上最勇敢的人了!

夏　小　天　　没错! 我们两个最勇敢,好朋友,一起战胜黑暗!

小萝卜头　　好朋友,一起战胜黑暗!

夏小天、小萝卜头　　拉钩上吊一百年不许变……

夏　小　天　　关灯睡觉,明天,我要带你去我的“监狱”里看一看。

小萝卜头　　啊?

第三场

众人(齐)　　故人西辞黄鹤楼,烟花三月下扬州……

高　老　师　　夏小天,夏小天!

众人(齐)　　哈哈哈哈。

夏　小　天　　啊? 下课啦?

高　老　师　　夏小天,你背一下这首诗的后两句。

小萝卜头　　孤帆远影碧空尽,唯见长江天际流。

夏　小　天　　孤帆远影碧空尽,唯见长江天际流。

高　老　师　　这是哪位大诗人的诗?

小萝卜头　　这是唐代大诗人李白的诗,人们都叫他“诗仙”。

夏　小　天　　唐代大诗人李白,是个“诗仙”。

高　老　师　　“飞流直下三千尺,疑是银河落九天”的上一句是什么?

小萝卜头　　日照香炉生紫烟,遥看瀑布挂前川。

夏　小　天　　日照香炉生紫烟,遥看瀑布……

小萝卜头　　挂前川!

夏　小　天　　挂前川!

〔同学们议论纷纷，都觉得很神奇〕

高老师　安静，安静。夏小天，上课要好好听课，不要打瞌睡，听到没有？

夏小天　知道了高老师，下课了？

［下课铃］

高老师　好了，同学们，今天的课就上到这里，大家记得课后认真复习。

众人（齐）　老师再见！

〔同学们有的收拾书包，有的追逐打闹，有的围着高老师在问问题〕

夏小天　怎么样，这就是我的“监狱”，无聊吧。

小萝卜头　一点都不无聊，真是太好玩了。我做梦都想在学堂里读书。

夏小天　现在叫学校。

小萝卜头　哦，学校！小天，我们能不能在这里多待一会儿，我舍不得走！

夏小天　高老师！同学们！今天的大扫除我夏小天全包了！

同学A　夏小天，你这可算是弃暗投明啊。

同学B　夏小天为班级做贡献，那可真是太阳从西边出来了！

夏小天　高老师！我……我就是想弥补一下我上课开小差的错误行为，还能帮同学们分担一下劳动任务，顺便锻炼锻炼我健硕的身材！

众人（齐）　真自恋！

高老师　小天啊，知错就改，就是好孩子，你真的要一个人完成班级的大扫除吗？

夏小天　为人民服务！

众人（齐）　哈哈哈哈。

高老师　好，那我们就谢谢夏小天同学，其他同学可以收拾书包放学了。

众人（齐）　谢谢你……谢谢……我先走啦。

小萝卜头　真是太棒了！这里真是太棒了！

夏小天　怎么样，够朋友吧。这里我包场了，随你怎么玩！

小萝卜头　我真是太开心啦！

夏小天　“小萝卜头”，对不起，之前我不相信你。

小萝卜头　那你现在相信我了吧！

夏小天　相信，相信！我现在觉得我们的生活还挺幸福的，至少是自由的。如果你自由了，你想干什么？

小萝卜头　我最大的愿望就是去街上看看，有一次，我真的出去了！

夏小天　　那你都看到了什么?

小萝卜头　　我看见了好多的人,好多好多不同的玩意儿,我还看见一个大木头箱子。我问妈妈那是什么? 妈妈说那是棺材。

夏小天　　棺材!

小萝卜头　　我问妈妈,棺材干什么用的? 妈妈说……小天,我告诉你一个秘密。

夏小天　　秘密? 什么秘密?

小萝卜头　　我问妈妈棺材是干什么用的,妈妈说"你一进去就彻底自由了",我也要进棺材,我也要自由! 小天,等我找到棺材,我们俩一块去!

第四场

〔同学们路过,看到夏小天在自言自语,又哭又笑〕

同学A　　你们看,夏小天在那干吗呢?

同学B　　看起来像是在和别人聊天?

同学C　　他身边有人吗?

同学D　　我看他一定是受了什么刺激,我们过去看看。

众人(齐)　　嗯。

同学A　　夏小天,你干吗呢,手舞足蹈的,模仿大猩猩吗?

〔众人哈哈大笑〕

夏小天　　我看你就挺像大猩猩,别烦我,我在和朋友聊天呢。

同学B　　朋友,你哪儿来的朋友,这除了你和我们,还有别人吗?

同学C　　你把空气当朋友,该不是得了妄想症了吧!

〔大家议论纷纷〕

夏小天　　我怎么就不能有朋友,我的好朋友就是他,"小萝卜头"。

同学D　　"小萝卜头"?

同学A　　"小萝卜头"是故事里的人物。

〔众人七嘴八舌地附议〕

夏小天　　你们少管闲事,什么都不懂。

同学B　　我们是关心你,怕你因为没有朋友,就得了妄想的怪病!

夏小天　　谁说我没朋友,谁说我没朋友,不是和你们说了吗? 我最好的朋友就是"小萝卜头"! 我们有共同的理想,我们要成为一样勇敢的人,你们几个少惹我,该干吗干吗去。

同学C　　完了，彻底完了，病入膏肓喽！

同学D　　你还想成为勇敢的人？

同学A　　没有朋友不可怕，可怕的是编瞎话！

众人（齐）　　编瞎话，编瞎话……

夏小天　　你们，你们！啊……

〔夏小天一个助跑，撞到了同学A，大家扭打在一团〕

小萝卜头　　不要打了！不要打了！

夏小天　　“小萝卜头”，赶紧来帮忙，我快撑不住啦！

〔“小萝卜头”抱住夏小天，同学们一拥而上〕

小萝卜头　　别打了，别打了！

[收光]

第五场

〔光启。舞台中央出现了一张床，夏小天穿好了睡衣，准备上床睡觉。夏小天生气地把关于“小萝卜头”的册子高高举起，又缓缓放下，钻进了被窝。最后，他还是缓缓地伸出了一只手，打开了册子，“小萝卜头”又出现了〕

小萝卜头　　我们还是好朋友吗？

夏小天　　我要考虑考虑……你为什么要拦着我？

小萝卜头　　因为我怕你受到伤害。

夏小天　　可是他们不相信你就是我的朋友！

小萝卜头　　我永远都是你的朋友。

夏小天　　最好的朋友？

小萝卜头　　最好的朋友！

夏小天　　谢谢你，“小萝卜头”。

小萝卜头　　是我要谢谢你。

夏小天　　明天是我的生日，我邀请你参加我的生日派对，虽然，可能就我们两个。

小萝卜头　　生日？派对？

夏小天　　对，就是过生日。

小萝卜头　　小天……

夏小天　　好了好了,已经很晚了,快睡吧,晚安。

小萝卜头　　晚安。

〔舞台上只留下一束光照亮"小萝卜头"〕

小萝卜头　　小天,你睡着了吗? 小天? 小天,我要走了,我出来得太久了,谢谢你这两天的照顾,我学到了很多东西,快乐水、大蛋糕、轮船、飞机,还有墨镜……我很幸福。看到你们有这样的生活,我很羡慕,也很替你们高兴,每个人都有自己的使命,我一定会勇敢地活下去,直到我真正自由的那一天。小天,不要忘记我们都要成为世界上最勇敢的人! 好朋友,一起战胜黑暗吧!

〔收光。换场。夏小天给同学们讲述"小萝卜头"的事迹后〕

同学A　　你说的都是真的?

夏小天　　千真万确。

同学B　　原来"小萝卜头"是一个这样的人啊。

同学C　　他在那么艰苦的环境里,还能保持着积极乐观的生活态度。

同学D　　小天,对不起,我们不应该那样说你。

众人(齐)　　对不起,是我们误会你了。

[音乐《小小少年》]

夏小天　　没事没事,我可是个心胸宽广的人。谢谢你们能陪我来歌乐山,陪我来看"小萝卜头",只是……

〔夏小天缓缓地蹲了下来〕

同学A　　小天,你别难过啊。

同学B　　你有什么心愿就大声喊出来吧!

同学C　　对啊,说不定"小萝卜头"都能听见!

众人(齐)　　就是,就是。

夏小天　　真的吗?

同学D　　我们试一试吧。

夏小天　　嗯!"小萝卜头"——我来看你啦——

众人(齐)　　我们都来看你啦……

夏小天　　"小萝卜头"——我好想你啊——

众人(齐)　　我们也很想你——

夏小天　　"小萝卜头",我要向你道歉,那个MVP的奖杯不是我的,是我爸爸的,我骗了你，不过，我现在已经正式加入校篮球队了，还交了很多很多的好朋友！

众人（齐）　嗯，我们都是他的好朋友！

夏小天　好朋友！我很想你！你是回家去找妈妈了吧，我还有很多话没来得及和你说，还有很多地方没有带你去玩，这个世界很大很大，你听见了吗？我查了很多的资料，我想，我现在终于能说很了解你了。

众人（齐）　你，小小的身子却顶着一颗大大的脑袋，未满周岁就与父母流徙辗转，在每一个无尽的黑夜里，你都是那样勇敢。你，点起心中希望的灯，夜空就被你照得通明。

夏小天　“小萝卜头”，你看啊，我们就站在你的雕像前，我们会永远永远记得你，不要忘记我们，不要忘记我！

〔众人将红领巾献在“小萝卜头”雕像前〕

夏小天　我知道，你做梦都想看看这新世界，从今天起，你就是我们少先队的一员。

众人（齐）　你永远是我们少先队的一员！

众人（齐）　敬礼！

〔你寻找　那一束光
渐渐的　你成了光
千万态度　你是其一
你是谁　你很小就知道
我愿你不用懂得那些无常
可你偏偏比我还要坚强
我愿你不必经历几多坎坷
可你总是比我还要乐观
啦啦啦啦啦啦啦啦啦啦啦
啦啦啦啦啦啦啦啦啦啦啦
啦啦啦啦啦啦啦啦啦啦啦
小小少年　不知疲倦
啦啦啦啦啦啦啦啦啦啦啦
啦啦啦啦啦啦啦啦啦啦啦
啦啦啦啦啦啦啦啦啦啦啦

小小少年 不知疲倦
风的语你知晓
夜的歌你舞蹈
飞跃山岗
沿着海岸
雀跃 奔跑

——节选自歌曲《小小少年》
作曲：金承志，
作词：金承志）

【大家评】

唐昊轩妈妈　　唐昊轩于2017年加入学校戏剧社，一开始，我们的想法只是让孩子根据自己的兴趣去试试，结果这一路走来，我们发现戏剧带给孩子的变化太大了。戏剧让他找到了自信，带着表演时的自信，他在课堂上发言更加积极大胆了，学习成绩也有了明显进步；戏剧让他学会了爱，在潜移默化中，他更懂得了如何和同学们相处，也更加关爱他人；戏剧让他找到了梦想，那些在舞台上挥洒的汗水、收获的掌声，不仅带给了他快乐，也让他找到了自己的梦想。戏剧用它独有的魅力，真正影响和教育着孩子们！

学生彭晨　　“小萝卜头”让我学会了勇敢与坚强。因为戏剧，我被你们看见，被你们喜欢；因为戏剧，我不断成长，更加沉稳；因为戏剧，我的童年在舞台点亮，让我成为最闪耀的那一个！

原创剧本
编剧：周司阳　肖蓉梅　田新雁　丁莹丽　甘桔苹
吴江林　刘　颖　罗　娜　唐　艳

社会主义核心价值观剧本——富强

我在未来上课

【剧本说】

新一代信息技术与数字革命给教育发展带来了历史机遇。在数字化转型背景下，智慧教育是必然发展趋势。以互联网、大数据、人工智能、虚拟现实、区块链技术等为代表的先进信息技术飞速发展，也正在一步步改变我们的教学方式。科技在进步，未来的课堂会是什么样子呢？这不禁让我们展开了大胆猜想，让我们拿起想象的画笔，描绘一幅未来上课图，剧本《我在未来上课》因此诞生了。在创作过程中，为了贴合孩子们的日常，引起他们的情感共鸣，我将平日里语文课中的诗歌和数学课中的几何图形融入进去，让孩子们有了更真实的体验。排练过程中，孩子们都沉浸其中，仿佛他们真的在未来上课，沉浸式体验让有的小演员演到投入时还贡献了不少的精彩戏份。

地　　点　　一年级13班教室

人　　物　　曾思语（主角）（1人）

谭皓梦（曾思语的好朋友）（1人）

陈希睿（1人）

周晓瞳（1人）

丁奕程（1人）

薄正熙（1人）

唐彩馨（1人）

语文老师（1人）

数学老师（1人）

李白（1人）

同学若干

【剧　本】

第一幕

〔老师和同学们戴上VR眼镜即可进入全息课堂，并通过发送新消息、接收新消息的方式，实现交流互通〕

旁　　白　　这是一个未来的课堂，同学们正在课间休息，他们有的戴着VR眼镜连线另一端的同学，有的躺着放松休息，有的在线做笔记。

谭 皓 梦　　(着急地摇晃着曾思语)思语，思语，快起来了，别睡了！

曾 思 语　　(被叫醒后，看见大家惊讶地)唉，你们怎么都不戴口罩啊，注意防护，我今天上学多带了些，分你们点。(曾思语一边说着，一边翻书包拿口罩)

〔同学见状，大笑〕

谭 皓 梦　　(开心地)这都什么年代了，还戴口罩，病毒早就没有了！

陈 希 睿　　(温柔地)我们现在都是在家里用全息投影的方式上课，你现在看到的就是全息投影的我们。

陈 希 睿　　(温柔地)不信你试试看。

〔曾思语想用手去触摸大家，发现真的触摸不到，很是疑惑〕

[上课铃声响起]

周 晓 瞳　　(起立招呼同学们)上课了，同学们快进入教室。

〔同学们随即都戴上眼镜，进入课堂〕

第二幕

〔语文课上，同学们正在学习李白的诗歌，通过全息投影可以直接看到李白〕

旁　　白　　在未来的课堂里，通过全息投影，同学们能更加直观、真实、有趣地学习新知识。

语文老师　　(温柔地)同学们好，今天我们来学习李白的诗歌——《静夜思》。有同学读过这首诗吗？

丁 奕 程　(举手回答)我知道!“床前明月光,疑是地上霜,举头望明月,低头思故乡。”

语文老师　(用手指向舞台右边)下面有请李白先生。

语文老师　(认真地看着李白)李白先生,您可以给我们讲讲这首诗吗?

李　　白　(一边摸着胡子一边踱着步,慢慢回忆)这是一首抒情诗,当时我26岁。一天夜里,我突然醒来,恍惚间以为地上铺了一层浓霜,结果再定神一看,那不是霜,而是皎洁的月光,我抬头看着那轮明月,想到了自己的故乡。

薄 正 熙　(激动地站起来说)李白先生,您给我们描绘了一幅美丽的月夜图!

李　　白　(认真地看着同学们)那我再带同学们学习一遍吧。

〔众同学(齐背:床前明月光,疑是地上霜,举头望明月,低头思故乡)〕

第三幕

〔数学课上,同学们正在学习立体几何,通过全息投影可以直观地看到立体几何是如何组成的〕

旁　　白　在未来的课堂里,知识不再那么空洞,学生动动手指,就能在全息投影上自行拆解立体的图形。

数学老师　(快步走进教室)同学们,这节课我们学习立体几何,现在我带大家来认识一下它们。

数学老师　(用手滑动屏幕)首先我们看到的是长方体,它一共有6个面。这6个面有两种不同的情况,让我们来看看是哪两种情况?

〔长方体蹦蹦跳跳出场〕

数学老师　(用手拆解长方体)第一种情况,所有的面都是长方形。

〔第一种情况的长方体的6个面出场〕

数学老师　(手指向特殊长方体的位置)第二种情况,有两个相对的面是正方形,其他4个面都是长方形。

〔第二种情况的长方体的6个面出场〕

数学老师　(老师做出滑动屏幕的动作)接下来有请正方体。

〔正方体出场〕

数学老师　　(用手拆解正方体)正方体,它的6个面都是正方形。

〔正方体的6个面出场〕

数学老师　　(看着同学们说)同学们都学会了吗?

众 同 学　　(齐说)学会了。

数学老师　　(老师做出滑动屏幕的动作)好的,下面我们来学习圆柱。

〔长方体及展开图挪至舞台左边,同时正方体及展开图挪动至舞台右边,圆柱由舞台左边上场〕

数学老师　　(看向圆柱的方向)大家看,圆柱上下有两个圆。

〔圆跟着走出圆柱,扭动起来〕

数学老师　　(开心地)孩子们,它们都是立体图形。

〔欢快的音乐下所有图形跟着节奏一边扭屁股一边下场〕

第四幕

〔课间,曾思语趴在桌上睡觉,被同桌叫醒后,她才知道,原来刚刚做了一个梦〕

〔黑幕,同学们课间打闹的声音,灯光逐渐亮起。台上同学取下眼镜戴上口罩〕

唐 彩 馨　　(着急地摇晃着曾思语)思语,快起来了!马上就要上课了!

〔思语被叫醒后,看了看周围,发现大家都戴着口罩〕

曾 思 语　　(恍然大悟)哦。原来刚刚是在做梦啊。未来的智慧课堂太厉害了,我要努力学习,贡献自己的一分力量。

众 同 学　　(齐说)智慧课堂,有你有我,努力学习,共赴未来!

〔众人边做动作边唱歌曲《一起向未来》〕

【大家评】

张瑜老师　　戏剧表演让孩子们成长了很多,戏剧表演是一个团队协作的活动,需要每一个孩子的配合。孩子们从中学会了合作、沟通、表达、尊重、谦让……也对戏剧表演产生了浓厚的兴趣。孩子们先了解了剧本,知道自己要演绎一个怎样的故事,再报名选角。孩子们对剧本有了一定的认识,才能更好地在理解中演绎,在演绎中创造。有的孩子排练时特别投入,还创造出不少的精彩戏份。孩子们的理解能力、表现欲望也得到激发,也让戏剧表演越发生动有趣。因为我们的剧本结合了孩子们当时的学习内容,也让戏剧和平时课堂学习建立了联系,让知识也变得有趣起来,所以孩子们演绎起来就更加生动。《我在未来上课》是想象的未来课堂。未来有着无限的可能,孩子们也有着无限的可能,剧本里的科技现在可能无法实现,可说不准它就在我们的心里埋下了种子,在未来生根、发芽、开花、结果了呢!

原创剧本

编剧:龙　雨

追梦少年团

【剧本说】

“智慧教育”伴孩子智慧成长，随着人工智能的发展，机器人开始进入教育领域，走进了越来越多青少年的生活中。该剧本从儿童成长的视角出发，讲述了一群追梦少年参加机器人大赛并获奖的励志故事，通过“三代人，同一个梦”的主题，编织了一段他们“一起追梦”的少年童话。学生在表演中切身感受到国家的快速发展和富强。

地　点　　家里、西瓜田地、机器人赛场地

人　物　　赵小乐——10岁，男。聪明活泼，酷爱机器人。

小乐妈妈——35岁，女。一位望子成龙的“虎妈”。

小乐爸爸——37岁，男。就职于机器人研究院的一位工程师。

小乐爷爷——63岁，男。一位在西瓜地里生活的可爱老人，年轻时曾经也怀揣机器人梦想。

大　雄——10岁，男。小乐的同学。

思　思——11岁，男。小乐的同学。

橙　心——10岁，女。小乐的同学。

主持人——全国青少年机器大赛主持人。

【剧　本】

第一场

〔早上，砰的一声，赵小乐穿着机器人上衣摔倒在地上，疼得直叫唤〕

爸爸妈妈　　小乐！（父母从舞台两侧出场，同时跑向小乐）

小乐妈妈　　(关心地问道)小乐,你怎么了?

小乐爸爸　　小乐!(边喊边扶小乐起来)

赵 小 乐　　哎哟!(叫了一声)昨天晚上我做了关于一个机器人飞天的梦,感觉自己穿着机器人装备飞起来了,结果,砰!给摔了……(边说边比画,并难为情地挠挠头)

小乐妈妈　　(生气地揪着小乐的耳朵)我的小祖宗,你要上天吗你?别整天做白日梦了!

小乐爸爸　　没摔着哪儿吧?(关心地看着小乐)

小乐妈妈　　(妈妈更生爸爸的气了)你就别在这儿当好人,你每天就是加班加班,忙你那些机器人程序,(妈妈追着爸爸埋怨)你管过儿子吗?不知道你那儿子要捣鼓些什么稀奇古怪的东西。

小乐爸爸　　稀奇古怪的东西?咱爷儿俩好好分享一下。(爸爸一下来了精神,搭上小乐的肩膀笑着)

赵 小 乐　　嘿嘿,好啊!(对着爸爸竖起大拇指)

小乐妈妈　　有其父必有其子。(指着父子俩)小乐,赶紧换衣服去!(小乐退场)

小乐爸爸　　最近家里辛苦你了。(拉着妈妈坐下,安抚妈妈)

小乐妈妈　　谁让你不着家,不管小乐。(还是有点儿情绪)

小乐爸爸　　我们研究院的机器人项目正处于攻关阶段……(站起来激动地)

小乐妈妈　　哎哎……(妈妈打断爸爸)少提你那些机器人,弄得小乐满脑子都是机器人,他现在学习最重要!这个暑假让他学奥数。(严肃地说)

小乐爸爸　　奥数?不用吧!

小乐妈妈　　怎么不用呢?小乐都四年级了!

〔大雄、思思、橙心三位好朋友开心地跑来小乐家〕

大　　雄　　小乐,小乐,报上啦!

思　　思　　大雄,你等等我。

橙　　心　　小乐,报上啦!

小乐妈妈　　(笑着问)思思,报上什么了?

〔小乐换好衣服,听到小伙伴叫喊声,赶紧躲在妈妈身后对着三个小伙伴做手势不让说〕

小乐妈妈　　报上什么了?老实交代吧!

〔小乐挠挠头知道藏不住了〕

思　　思　　阿姨,我们报名了全国机器人大赛体验班。

孩子们齐　　恩！恩！

小乐妈妈　　(生气地)赵小乐,谁让你报的?

赵 小 乐　　我自己报的!

小乐妈妈　　你有和我商量过吗?

赵 小 乐　　妈,你知道我想要什么吗?

小乐妈妈　　想要什么不重要,学习才重要,我这都是为你好!

赵 小 乐　　(对妈妈吼)为我好！为我好！你从来没有真正关心过我!

〔妈妈一下哽住了〕

小乐爸爸　　(严肃地)小乐！怎么跟妈妈说话呢!

小乐妈妈　　(重新调整情绪说)我已经安排了,暑假学奥数。

赵 小 乐　　我不要,我要去机器人班!(坚持自己)

小乐妈妈　　绝对不行!

小乐爸爸　　咳咳(清了清嗓子)我有个想法,不学奥数(小乐激动得跳起来),也不去机器人大赛体验班,去他爷爷那儿!

〔妈妈指着爸爸生气地说他又出了个瞎主意〕

赵 小 乐　　爸,去爷爷那儿学种西瓜啊?

小乐爸爸　　西瓜地里可大有文章啊!(爸爸悄悄给小乐使了个眼神)

小乐妈妈　　我不同意!

赵 小 乐　　我同意!(意会到了爸爸的眼神,双手叉腰)

大　　雄　　我也去!(举手跑到小乐身边)

思思、橙心　　我也想去!(跑到小乐身边)

赵 小 乐　　够意思!(搭上小伙伴的肩膀)

小乐爸爸　　就这么愉快地决定了!(爸爸为自己的决定暗暗高兴)

赵 小 乐　　我还不信西瓜地里走不出个科学家!(举起右手拳头为自己打气)

小乐妈妈　　你……(指着小乐气得说不出话,爸爸赶紧上前给妈妈捶捶肩膀,安抚情绪)

第二场

〔西瓜地里围着篱笆,花白胡子的小乐爷爷戴着草帽,拿着一把蒲扇,优哉地在地里走着〕

小乐爷爷　　小乐,大雄……

赵小乐、大雄、思思、橙心　爷爷，我们在地里忙着呢！（开心回应）

小乐爷爷　（扇着扇子点点头）好，爷爷去那边地里忙活了！

赵小乐、大雄、思思、橙心　好嘞！爷爷，您放心吧！（孩子们又继续在地里忙着）

赵小乐　（停下手上的活儿）唉，我好想去机器人大赛体验班。（渴望地）

思思　你真的那么喜欢机器人啊？

赵小乐　嗯！（坚定地点头）确切地说，我崇拜我爸！（自豪地）

大雄　为什么呢？

赵小乐　我爸研发机器人太酷了！虽然我从没跟他说过。（为爸爸自豪）

橙心　为啥不说啊？

赵小乐　这……这也太肉麻了吧。（抖一抖身上的鸡皮疙瘩）

〔孩子们又继续在地里走着，突然他们发现西瓜棚下有一个盒子〕

大雄　你们看，那里有个盒子。

〔小乐走上前去拍了拍盒子上的尘土，打开一看〕

赵小乐　（从盒子里拿出来）这是什么？

思思　变形金刚？（疑惑）

橙心　乐高？（疑惑）

大雄　不对。（摇了摇头）

赵小乐　这好像是一个手工做的机器人。

思思　这也太旧了吧。

橙心　应该是很早以前的机器人了。

思思　爷爷的西瓜棚里怎么会藏着机器人呢？

赵小乐　我也不知道。（疑惑地挠挠头）走，先忙去！

〔孩子们走出西瓜地，退场。这时，小乐爸爸背着包来爷爷家看望他们了〕

小乐爸爸　爸，爸！小乐，小乐！（走了一圈没看到人）

小乐、大雄、思思、橙心、小乐爷爷　日落西山红霞飞，我们摘瓜把家归把家归……（孩子们劳作结束排成整齐的一队，小乐和大雄抱着西瓜，爷爷跟着孩子们唱着歌回到屋里）

小乐爸爸　回来了！（听到歌声）

小乐爸爸　爸！（爸爸朝爷爷走过去）这一看就是您训练的队伍！

小乐爷爷　那可不！（得意）

小乐爸爸　　小乐!(开心地朝小乐张开双臂)

赵 小 乐　　想死你啦!(给爸爸一个大大的拥抱)

〔小乐和爸爸拥抱时,藏在小乐衣服里的机器人掉了下来,正是在爷爷的西瓜棚里找到的那个〕

小乐爸爸　　机器人!(小乐爸爸捡起机器人,看向小乐爷爷,一下都明白了)

小乐爸爸　　为什么要动爷爷的东西?(质问小乐)

赵 小 乐　　我……我……(没有解释)

小乐爷爷　　唉……几十年前的旧东西了。(爷爷叹了口气,往前走了两步)

小乐爷爷　　你们看今晚的星星可真亮啊!

〔小乐爸爸带着孩子们坐下来看星星〕

思　　思　　夜晚的星空多美好啊!

赵 小 乐　　爷爷,我们怎么才能记住美好啊?

小乐爷爷　　当我们回忆美好时,大脑中某个与之相连的部分就会亮起来。

赵 小 乐　　那机器人也有大脑吗?(转头问爸爸)

小乐爸爸　　那得问你的爷爷了!(站起来)他可研究了一辈子的机器人。

赵 小 乐　　真的? 怎么没有听您说过?(惊喜又激动,走到爸爸身边)

小乐爸爸　　爷爷不让呗!

思　　思　　为什么啊,爷爷?(站起来走向爷爷)

小乐、大雄、橙心　　就是啊。(疑惑)

小乐爸爸　　当年,爷爷的机器人还参加过全国比赛。

小乐爷爷　　我的机器人失败了。(低下头叹气)你奶奶临走时,让我把没有做完的机器人交给我们的后代去完成。

小乐爸爸　　爸,您还有我,还有这群孩子呢! 您的经验都该告诉他们!

赵 小 乐　　爸! 我终于知道你为什么把我送到爷爷这儿了!(顿时激动不已)

小乐爸爸　　咳咳……别跟你妈说啊!(清清嗓子警告小乐)

赵 小 乐　　绝对保密!(凑到爸爸耳边敬个礼)

思　　思　　爷爷,我们报名了全国机器人大赛体验班呢!

赵 小 乐　　我们的组合叫——追梦少年团!

小乐爷爷　　好! 机器人培训计划——启动!

第三场

主 持 人　　下面有请最后一组参赛选手上场,他们是“追梦少年团”!〔观众为他们

欢呼呐喊。小乐、大雄、思思、橙心带着他们的大号机器人登上舞台。大号机器人完成机器人舞蹈〕

主 持 人　**现在宣布全国青少年机器人大赛的冠军是“追梦少年团”！**

〔全体激动地欢呼起来！孩子们冲上去拥抱机器人，爸爸妈妈在屏幕前为孩子们的胜利而欢呼〕

第四场

〔字幕：2032年，AI智能教室，每组学生依次上台〕

〔我们在鸟语花香的草地上看书(孩子们拿着书本席地而坐，鸟儿欢乐地叫着)；

我们在悉尼歌剧院听音乐会(龚靖航拉着小提琴，几个孩子听得陶醉)；

我们在爱因斯坦的实验室里做实验(孩子们穿着白大褂，拿着实验容器研究着)；

我们在神舟飞船里徜徉(孩子们举着神舟号飞船KT板在太空漫步)〕

全 体 齐　**智慧未来，为我们而来！**

【大家评】

学生余博文　**我在上台表演戏剧的时候，一开始是紧张的，到了后面我发现表演戏剧是一种享受，我从心底真正爱上了戏剧表演。**

学生李未晞　**我在剧中饰演的角色是小乐妈妈。小乐妈妈不喜欢自己的儿子对机器人产生兴趣，希望他暑假去学奥数。后来在小伙伴们、爷爷、爸爸的帮助下，她的儿子参加了机器人比赛，还获得了冠军，从此妈妈非常尊重孩子的选择。通过这次戏剧表演，我认识到妈妈虽然都是为孩子着想，但也要尊重孩子的选择。**

学生谢奕成　**我在剧中扮演的角色是小乐爸爸。我的感受是，每一个孩子都拥有自己的梦想，作为这些孩子的父母，应该多多鼓励他们，而不是磨灭他们的激情。**

原创剧本

编剧：黄　丹　苏　娅

智慧新生活

【剧本说】

在信息化、数字化、知识化时代，建设智慧校园势在必行。学校将科技应用于教学中，不仅打破了时间和空间的限制，还极大地方便了孩子们的学习。但孩子们从小就生活在科技高速发展的时代，对于科技带来的方便感受不深。因此《智慧新生活》剧本围绕智慧生活主题，立足学生当下生活，尊重儿童本位，将当下学生的学习环境与二十世纪八十年代学生的学习环境进行对比，力求让当下学生对科技带来的便利产生情感共鸣，从而在戏剧演绎中深刻体会到如今学习环境中的科技力量，获得民族自豪感，激发其努力学习，为科技进步增添力量的雄心壮志。

地　　点　　教室

人　　物　　二十世纪八十年代学生1、2、3、4、5、6、7、8、9、10(10人)

二十世纪八十年代老师A、B、C、D、E(5人)

当代学生11、12、13、14、15、16(6人)

当代老师F、G(2人)

朗诵组(16人)

【剧　本】

第一场

〔二十世纪八十年代学生组的学生坐在舞台上，认真地聆听着老师A讲课〕

老师A　　今天的知识点就讲到这里了，马上就要下课了，大家还有没有什么问题要问呢？

（同学们纷纷讨论了起来，突然同学1举起了手）

同学1　老师，跟学习无关的问题也可以问吗？

老师A　嗯，（稍微思考一下）可以，大家想问什么都可以。

同学们　耶，太棒啦！太棒啦！

同学2　都安静，我先来，老师，我想问问我家的狗狗为什么老是这样吐舌头？（模仿狗狗吐舌头）

老师A　这个是因为狗狗的汗腺长在舌头上，天气热的时候就会把舌头伸出来散热。

同学3　哦，原来是散热啊。

同学4　老师，为什么冰箱关上的时候里面的灯会熄灭呀？

老师A　额，这个应该是为了省电吧。

同学5　老师！老师！我也有一个问题！为什么那么大的飞机都能飞起来啊？

老师A　（无奈地扶了扶额头）这个问题，老师回去查一下资料再回答你们。

同学6　我知道，因为那架飞机是一只会飞的“铁公鸡”。

（同学们大笑）

同学7　老师！我也有一个问题，为什么用吸管向水里吹气会有很多泡泡啊？

同学8　老师，为什么有的西瓜甜，有的西瓜不甜啊？

同学9　老师，为什么我老是一上课就想上厕所啊？

同学10　老师，我上课老是想睡觉怎么办？

（同学们七嘴八舌地问了起来，这时，下课铃声响起来了）

老师A　这些问题就等明天上课老师再来回答你们吧！

（同学们纷纷打闹着走下舞台）

（老师A一个人在教室里，慢慢地走到台前）

老师A　这群小孩子的问题可真是难倒我了，等我回去查完资料他们估计都已经记不得自己的问题了。唉，要是能够有办法在课堂上马上查到资料回答他们就好了。

（老师B、C、D、E一起进教室）

老师B　A老师，还在教室呢，紧急情况，咱们要停课了。

老师A　怎么回事？

老师C　附近多个地区山洪暴发，已经有一些地区出现了塌方，很多学生上学的路被阻断了，咱们可能要暂停一个月的课程。

老 师 A　　那这一个月都上不了学该怎么办啊?

老 师 D　　对啊,到时候之前学的内容都忘得差不多了。

老 师 E　　要不然,我们让家长在家辅导孩子吧?

老 师 B　　不行,大部分学生的家长都没有怎么上过学。

老 师 C　　那如果我们让住得近的孩子们分批到某个地方上课呢?

老 师 D　　这不现实,孩子们还小,天气也不可控。

老 师 A　　要是有什么办法让孩子们在家里也能上课就好了。

老 师 E　　快走吧,校长等着我们开会呢。

〔所有老师下场〕

第二场

老 师 F　　同学们,生活在现在,科技给我们提供了许多帮助,便捷了我们的生活。咱们班今天终于安装了智慧校园多媒体设备,大大方便了我们的课堂。

〔同学们好奇地看着多媒体〕

同 学 11　　老师,这个多媒体是做什么用的啊?

同 学 12　　电脑旁边的方盒子是什么啊?

同 学 13　　就是,它有啥用处啊? 拿来装东西吗?

老 师 F　　旁边的方盒子是电脑主机,以后同学们遇到什么难题,有什么疑问,都可以用它找到答案。

同 学 14　　那以后我们不懂的问题都能够一下子找到答案吗?

老 师 F　　那当然,这可比百科全书懂得多。

同 学 15　　老师,我想知道飞机那么大为什么能在天上飞啊?

老 师 F　　这个问题老师确实不知道怎么回答,我们让智慧校园来告诉我们吧。

〔(老师面向观众假装敲击键盘)老师找到一个回答这个问题的视频,我们一起来看看吧!〕

同 学 16　　哇,原来是这样啊,我现在知道了,智慧校园太厉害了!

第三场

〔背景音乐响起,这次新冠疫情,是新中国成立以来在我国发生的

传播速度最快、感染范围最广、防控难度最大的一次重大突发公共卫生事件，这是一次危机，也是一次大考验〕

〔老师G坐在舞台中央，面前的桌子上放着电脑，老师朝着电脑打招呼〕

老师G　同学们好！由于疫情原因，我们无法到学校学习，但多亏了如今的科技以及智慧校园的普及才能让我们不落下功课。真希望疫情能早点儿结束，早日恢复正常的生活！

［此时，朗诵组学生四人一组从舞台两侧走上台，开始朗诵］

朗　诵　（第一组）

有一种力量叫科技，

从小我们便知道！

（第二组）

我们是沿着赵州桥，

学着圆周率，

在四大发明的自豪中成长的！

（第三组）

一路踌躇走来，

正是因为有着无数科技工作者

孜孜以求地不懈探索。

（第四组）

“智慧校园”丰富了我们的知识，

方便了我们的学习，

改进了我们的课堂。

（合）

少年强，则国强。

正是因为如此，

才有了中国制造的喷薄泉涌，

才有了中国创造的世界魔力！

【大家评】

学生王梓琪

在这次戏剧表演中，我扮演的是二十世纪八十年代的老师，当学生七嘴八舌地问我很多我不知道的问题时，我很着急，那个年代也没有手机可以查，可太难了。而现在我们想要解答什么问题，查阅的方式可多了，现在的生活可太好啦！

学生李元熠

在一年级表演戏剧时，我扮演的是小英雄雨来，这次我扮演的是当代的老师。每一次戏剧表演我都觉得特别好玩，在台上说的每一句台词、做的每一个动作、站的每一个位置我都在心中认真琢磨，所以表演结束后，老师、爸爸妈妈和同学都夸我演得好。我很爱戏剧节，期待每一次戏剧节的到来。

李元熠妈妈

很幸运我的孩子能进入这所学校、这个班级。元熠很喜欢表演戏剧，每次排练后回家都津津乐道："我今天下午演得很认真，很成功……"在台上的元熠和平时的元熠很不一样，台上的他自信大方、从容淡定，举手投足间都非常有范儿。看着他每一次的排练、每一次的上台表演、每一次的变化、每一次的成长，我都倍感欣慰。

原创剧本

编剧：吴　琳

社会主义核心价值观剧本——民主

山羊国

【剧本说】

民主是人类政治文明发展的成果，是全人类的共同价值，在小学生的学习、生活和班级管理中，离不开对民主的理解与实践。本剧围绕民主主题根据学生的实际生活进行创作。在进行班委选举时，怎样才能做到公平、公正，让大家对选举结果有强烈的认同感？《山羊国》藏着答案。本剧本以“山羊国”代替“班集体”，将班级中出现的或者可能出现的问题戏剧化地融入剧本中，让学生在演剧、观剧中知道民主的深刻含义，并引导他们在未来的生活中践行民主。在剧本创作的过程中，我们便用起、承、转、合的结构模式进行撰写，根据学生个性特点进行角色塑造。学生在演绎中理解人物、体验角色、塑造角色、把握剧本的主题、挖掘人物的性格，从而准确地表达出人物的精神世界和情感的起伏，获得认同与成长。

地　点　　山羊国

人　物　　羊1——胆小

羊王——专制

羊2——谄媚

羊3——羊2的部下

羊4——自负、大力士，大王身边的红人

羊5——跑步健将

羊6——聪明，爱好发明

羊7——善于听取意见，有谋略

羊8——智慧老者

羊群——可爱善良

狼王——贪婪残暴

【剧　本】

第一场

〔歌舞:"大王叫我来巡山,我把人间转一转,打起我的鼓,敲起我的锣,生活充满节奏感……"〕

狼　王　　嗷呜……,小的们,这儿以后就是我们的地盘了,哈哈哈哈哈。

羊　群　　不好啦! 狼来啦,狼要来吃我们啦!

羊　1　　大王,大王! 狼群来了,恐怕马上就要打进来了。

羊　王　　叫什么叫,扰了本王的美梦,如果不是重要的事,本王饶不了你。说,怎么了!

羊　2　　大王,不过是一群蠢狼在外面晃悠,不是什么大事,大王我去看看,您继续睡。

第二场

羊　2　　哎哟、哎哟,那几个狼崽子居然敢偷袭我。(被抬进大殿)

羊　3　　大王,您可要为我们做主啊,那些狼太不把您放在眼里了。

羊　王　　谁能打败狼群,我就封它为大将军。

羊　4　　大王,我力气大,我可以举起千斤顶。

羊　5　　大王,我跑得快。(结果羊角插进了树干里)

羊　6　　大王,我是最聪明的,我能用我的发明击退它们。(实验失败,爆炸头)

羊　群　　大王,羊7点子多,懂谋略,推选它做将军最合适了。

羊　王　　依我看,羊4最能干,就羊4去。

第三场

〔战场上〕

羊　4　我们人多，不怕它们，举起石头直接砸。

羊　群　将军，不行啊，我们举不起来。

羊　4　给我练，必须抬。

羊　群　嘿哟、嘿哟……

〔羊群因为举不动石头，跑不快，被狼群追击，落荒而逃〕

狼　王　这群蠢羊，迟早是我们的盘中餐。

〔狼群已经快攻进城门了，山羊国岌岌可危，羊群乱成一团〕

羊　王　够了，安静！大臣们快想想办法啊！

羊　8　大王，论谋略，论胆识，羊7最合适不过了。

羊　王　你们觉得如何？

〔此时，羊王已经发生了转变，它决定听一听大家的建议〕

羊　8　大王，您可以听一听大家伙儿的建议，再做决定也不迟啊。

羊　王　也许，我真的该听一听大家的想法。小羊们，今天我们来进行民主投票，同意让羊7当将军的举手！

群　羊　好，好，好！我们都同意。

〔大家都同意〕

羊　王　羊7，就由你来指挥大家作战。只要大家齐心协力，我们山羊国就一定能把这群笨狼都赶走！

羊　7　是，大王！

羊　群　齐心协力，赶走笨狼！齐心协力，赶走笨狼！

〔羊7将羊4、5、6召集在一起，共同商量作战计划〕

羊　7　羊4，你力气大，可以带领小羊们去布置陷阱。

羊　6　那我可以把我发明的炸弹放在陷阱里，来个瓮中捉鳖。

羊　7　羊5，你跑得快，你就去吸引狼群注意，把它们引到陷阱来。大家看，这种安排怎么样？

羊　群　我们都同意？

〔在羊7的领导下，羊群们各自发挥自己的特长，团结一致战胜了狼群，从此山羊国多了一个部门——羊议院，不论遇到什么事，大

家都有商有量,过上了和平的生活〕

〔歌舞:《大家一起喜羊羊》

我们是一群小小的羊
小小的羊儿都很善良
善良得只会在草原上
懒懒地 美美地 晒太阳
虽然邻居住着灰太狼
虽然有时候没有太阳
只有羊村里有音乐
唱唱的 跳跳的 都疯狂
大白菜 鸡毛菜 通心菜 油麦菜
绿的菜 白的菜
什么菜炒什么菜
喜羊羊 美羊羊 懒羊羊 沸羊羊
什么羊什么样
什么羊都喜洋洋
狼来的日子很平常
狼嚎的声音像饿得慌
小小的羊儿爱吃草
必要时也不怕跟狼打仗
我们虽然是群小小的羊
每个节日都一起歌唱
阳光空气青草和花香
挤挤的 满满的 在草原上

——节选自电影《喜羊羊与灰太狼之虎虎生威》主题曲。

作词:卢永强

作曲:刘诺琪〕

【大家评】

学生高菲菲

所谓一分耕耘一分收获，我们班戏剧《山羊国》的成功演出，离不开全体同学及老师的辛勤付出。我们收获的，也不仅仅是戏剧的成功，更多的是我们能力的提升。

众人拾柴火焰高。同学们一起写剧本，遇到困难大家一起想办法解决，一起录音，一起排练，正是这许多的"一起"，让大家更了解彼此，更团结了，也更懂得了"一个人可以走得很快，一群人可以走很远"的道理。为了让全班同学都能参加，同学们和老师商量，让剧本里的角色增加一些，这样一来，全班同学就能一个都不落下了。合理的统筹安排，也是我们这次剧本成功演出的关键。

我相信，每一次用心的播种，都能在未来的某个季节结出丰硕的果实。

原创剧本

编剧：刘梅春　毕　娅　周司阳　李传奇　甘桔苹

当王消失之后

【剧本说】

《当王消失之后》是一个童话故事剧本。我们创作这个剧本时，孩子们正处于二年级上半学期，年龄偏小，想要他们理解民主的意义并不容易，所以才采取童话的方式让孩子去感知什么是民主。故事一共有三幕：第一幕是老虎大王的统治被推翻；第二幕是凶残的狮子想当大王；第三幕是乐于助人的山羊姐姐被大家推选为森林领袖。这三幕各有目的：第一幕代表着曾经的封建统治阶级被百姓推翻；第二幕代表着人们为了得到民主权利不断地进行革命；第三幕代表着革命的成功，新的领袖不再是大王，而是能带领百姓过上幸福生活的领袖。孩子们在扮演森林公民的同时，明白了人民享有管理国家事务、社会事务或自由发表意见的权利。

地　点　森林

人　物　狮子(1人)

猎狗(1人)

山羊(1人)

猴子爷爷(1人)

小兔子(1人)

小松鼠1(1人)

小松鼠2(1人)

小动物群演1(1人)

小动物群演2(1人)

小动物群演3(1人)

小动物群演4(1人)

小动物群演5(1人)

小动物群演6(1人)

小动物群演7(1人)

小动物群演8(1人)

【剧　本】

第一幕　背景解说

旁　　白　　很久很久以前,森林之王老虎霸占了森林,它凶猛、霸道,许多小动物都很害怕,后来大家受不了它的霸权,齐心协力打败了它,从此老虎再也不是森林之王了。动物们在森林里高兴地唱啊、跳啊!(音乐、舞蹈)然而,当森林之王消失之后会发生什么呢?

第二幕　森林场景

〔轻快的背景音乐〕

小动物群演1　　听说了吗?老虎下台以后,我们就可以自己选大王啦!

小动物群演2　　听说了,听说了,我们每个小动物都有一票,选出我们自己的领袖,而不再是欺压我们的大王。

小动物群演3　　什么叫领袖?

小动物群演4　　领袖的意思嘛,就是各方面都是我们的榜样,还能带领我们把森林建设得更好!

小动物群演3　　哦,是这样啊,那你们选谁呢?

小动物群演4　　选狮子,打败老虎它的功劳很大!

小动物群演3　　我才不选狮子呢!它和老虎一样凶凶的。

小动物群演5　　要是我,我就选猴子爷爷,因为猴子爷爷对大家都很好。

小动物群演6　　可是猴子爷爷年纪太大了,应该不合适吧。

小动物群演7　　选山羊姐姐吧,山羊姐姐有很多本领,还帮助过很多小动物。

小动物群演8　　我还没想好选谁呢。

〔八个小动物群演下场〕

狮　　子　　老虎被我们赶下台了,我马上就要成为森林之王了!以后没人能够违抗我的命令!

猎　　狗　　可不是嘛，您的地位不可动摇啊！

小松鼠1　　我们团结一致打败了老虎，就是为了人人平等，你怎么又要自己做王？

小松鼠2　　我们要自己投票选出我们的领袖。

猎　　狗　　去去去，说什么呢，我们狮子就是森林之王，你们两只小松鼠，没事来捣什么乱？

小松鼠1　　你如果像老虎大王一样霸道，没有人会支持你的。

小松鼠2　　不用理它，我们走。

〔小松鼠1和小松鼠2下场〕

猎　　狗　　嘿，这俩小松鼠，还挺有脾气的，您不用管它们。

狮　　子　　我管它们干什么，去叫所有动物都来开个会，让它们每人投我一票。快去，我先睡一觉。

〔狮子伸着懒腰下场〕

猎　　狗　　这可是个大活儿啊！

〔小兔子拐着小筐，蹦蹦跳跳地上场〕

小 兔 子　　去外婆家送胡萝卜去喽！

猎　　狗　　嘿，你停下！一会儿狮子大王要给你们开会。

小 兔 子　　什么？什么？哪里还有什么大王？

猎　　狗　　你要造反吗？

小 兔 子　　我要自己选我们的领袖，快起开，我要走了。

〔小兔子蹦蹦跳跳地下场〕

猎　　狗　　反了，反了！

〔猴子爷爷缓慢上场〕

猎　　狗　　老猴子，你过来！

猴子爷爷　　啊，叫我干什么啊？我还得去看医生呢。

猎　　狗　　看什么医生，一会儿狮子大王来开会。

猴子爷爷　　什么？什么？哪里还有什么大王？

猎　　狗　　怎么，你也想违抗命令，是吗？

猴子爷爷　　我要自己选我们的领袖，我是绝不会向霸权低头的！

猎　　狗　　行啊，来人啊，把这只老猴子给我抓起来！

〔熊把猴子爷爷抓走了〕

第三幕 森林场景

〔八小个动物群演回场,聚集在一起,你一句我一句地说着〕

小动物群演1 听说了吗? 猴子爷爷被抓了。

小动物群演2 哎,走了老虎大王又来了狮子大王。

小动物群演3—8 不,我要自己选我们的领袖!

〔山羊出场〕

山　　羊 你们在说什么啊?

小动物群演1—8 山羊姐姐来啦,狮子让猎狗把猴子爷爷抓起来了!

山　　羊 凭什么! 它们怎么能随意抓人?

小动物群演1—8 是啊,山羊姐姐快去救救猴子爷爷吧!

山　　羊 我会处理好这件事情的!

〔八个小动物群演下场,狮子上场〕

狮　　子 咦,山羊姐姐你怎么在这儿啊?

山　　羊 我问你,是不是你让猎狗把猴子爷爷抓起来了?

狮　　子 没有啊,我只是让猎狗把大家召集起来开个会,让大家投我做大王! 猎狗怎么回事?

猎　　狗 我就是想给它点儿教训。

山　　羊 还不快放人,你这样欺负老人,下场会和以前的老虎大王一样的!

狮　　子 好好好,猎狗快放人。

〔两位动物协管者搀扶着猴子爷爷说:“您受委屈了,慢点儿。”〕

猴子爷爷 山羊,你帮助了我! 我投你一票,希望你成为我们的领袖。

狮　　子 我也选你做大王。

山　　羊 领袖不是什么大王,现在已经不是老虎当大王的社会了,森林的主权在大家手里,民主是我们共同的理想。而民意才是管理者和管理部门赖以存在的基础,我们要尊重大家的权益,为大家服务!

小动物群演1—8 说得好! ……

〔小动物群演1—8、小松鼠1—2、小兔子以及所有未安排角色的同学上场〕

山　　羊 我们森林里的每个公民都要增强民主素养,并将其转化为自己的生活态度、生活方式,推选出来的领袖更要听取大家的意见,更好地为大家服务。

大家一起	说得太好了，我选山羊姐姐做我们的领袖，我也选山羊姐姐做我们的领袖，我也选……
山　　羊	感谢大家都选我做领袖，我会真诚地为大家服务，把我们的森林建设得更美好……
大家一起	我相信你，我相信你，我们都相信你……愿你带着我们把森林越建越好。

【大家评】

学生周燚峣	我饰演的山羊姐姐让我明白，领导不是用自己的权力去欺压别人，而是用自己的能力去帮助别人。担任了两年班长的我确实有些地方做得不够好，以后我要对同学更友善，这样才能成为大家喜欢的班长。
学生胡濠宸	在剧里，我演的是狮子，其实和狮子一样，我也很想当班上的“大王”，也就是班长，想让同学们都听我的，但是选班长时我得的票数很低。其实我明白我对同学太凶了，哪怕是为同学好，这也是不对的，因为我和他们一样都是学生，不应该老想着管他们，而是该想着怎么做才能更好地帮助他人。
学生陈洪瑞	我演的是投票的小动物，我知道这是个群演角色，但是我还是很开心，因为无论是在舞台上还是在班上，我都可以行使自己投票的权利。

原创剧本

编剧：周雨洁　屈利桃

吃鸡腿儿

【剧本说】

《吃鸡腿儿》剧本是根据发生在班级里的真实事件创编而成的。同学们为解决“午餐剩下的鸡腿儿如何分配”的问题，经历了“随意吃—抢着吃—讨论吃—猜拳吃”的过程，这也是我们遇到问题后，集思广益制定规则的体现。将解决问题的过程创编成剧本，不仅能教给孩子们解决问题的方法，还能充分展现班级的民主氛围，让孩子们真切体验和感知民主的深刻内涵。无论是在戏剧舞台上，还是在生活中，同学们对发生的问题都敢于思考、乐于解决，能从“公平”的角度发表看法，能从“民主”的角度尊重规则，这就是本剧的价值。孩子们用“石头剪子布”做决定，是游戏，不是儿戏，在剧中它作为“儿童的法则”破解矛盾冲突，将儿童的天真烂漫演绎得淋漓尽致。同时，我们也以它为载体，将“艺术来源于生活”的创作法则教给了孩子们。

地　点　　教室

人　物　　老师（2人）

学生（45人）

鸡腿先生（1人）

举牌（1人）

【剧　本】

〔所有同学盘腿整齐地坐在舞台右侧，两位老师推着餐车从舞台左侧走出，餐车上挂着“吃鸡腿儿”的牌子〕

老师1　　（边走边说）今天中午能吃鸡腿儿，同学们肯定很高兴。

老师2　　这鸡腿儿黄灿灿的、香喷喷的，咬一口，外酥里嫩。（闻一闻盆子里的鸡腿儿）嗯……真香！

全体学生	(表演吃鸡腿儿)大鸡腿儿,黄灿灿、香喷喷,咬一口,外酥里嫩,外酥里嫩!嗯……(闭眼,闻一闻)好吃!
	〔打完饭菜,同学们开始自由添加饭菜,发现剩下一些鸡腿儿,开始争抢〕
	〔举牌:第1次吃鸡腿儿〕
老 师 1	还有添菜、添饭的吗?
学 生 1	(举手上前添饭,看一看餐盆)老师!这里边儿还剩好几个鸡腿儿呢!我好想再吃一个。
老 师 1	吃吧。
学生2—5	(举手,抢着说)我也想吃一个,我也想吃一个。(跑向餐车拿鸡腿儿)
学生5、6	(同时跑到)我先来的!我先来的!(学生5抢到小鸡腿儿放嘴里,咬一口,扬扬得意地下去了)
学 生 6	(手指学生5)你真讨厌!
	〔举牌:第2次吃鸡腿儿〕
学生8、9	(转头对后面同学说)快吃快吃,还剩几个鸡腿儿!
学 生 6	(狼吞虎咽)别说话,快吃,不然就没有了!(全班同学都在埋头吃饭)
	〔学生7—10快步跑上去拿了鸡腿儿〕
学 生 6	(快步上前)啊!今天的鸡腿儿又没了!
	〔同学们发现争抢鸡腿儿的行为似乎对大家不公平,开始讨论起来……〕
学生7—9	(从座位上站起)吃得快也没用,我快他们更快!(摊手)
	〔举牌:一个鸡腿儿引发的讨论!〕
学 生 6	(面向老师,不服气)老师,有人吃得快,有人吃得慢,吃得快的多吃鸡腿儿,那吃得慢的就吃得少喽!要不,轮流着吃吧!这一次他们先吃,下一次就让我们吃。
	〔举牌:轮流吃?〕
学 生 7	要是轮到我吃,我不想吃怎么办?
学 生 8	要不让喜欢吃鸡腿儿的同学吃吧。
	〔举牌:喜欢的人吃?〕
学 生 9	可是有那么多同学都喜欢吃鸡腿儿呢。
学 生 10	要不让饭量大的同学吃?

〔举牌：饭量大的人吃？〕

学　生　11　我虽然饭量不大，可是我也很喜欢吃鸡腿儿。

学　生　12　要不让每周做值日的同学吃？

〔举牌：做值日的人吃？〕

学　生　13　也不是每周都会吃鸡腿儿啊！

学　生　6　要不猜拳吧！

〔举牌：猜拳吃？〕

众生、老师　（疑惑地）猜拳？

学　生　6　（自信地）对，用猜拳的方式，谁都有机会吃到鸡腿儿了啊！

老师1、2　（征求大家的意见）那我们就来试试这个建议——猜拳吃鸡腿儿。

〔举牌：第3、4次吃鸡腿儿〕

〔第一组（6人）："石头剪刀布！石头剪刀布！"获胜者高兴地说：哈哈，我吃鸡腿儿！（身体定格）

第二组（8人）："黑手白手黑手，黑手白手白手！"获胜者欢呼："耶"！（身体定格）〕

〔同学们发现也不公平，因为猜拳的方式有很多种。这时第三小组争论了起来〕

〔举牌：第5次吃鸡腿儿〕

学　生　6　用我的方式猜拳！

学　生　5　用我的方式猜拳！用我的方式！

学生2、3　（看看学生5、6，对学生5说）用你的吧，你的简单！

〔小组猜拳，学生1和学生5胜出〕

学　生　6　凭什么！每次都是你多吃鸡腿儿！

学　生　5　哼，这是我猜拳猜赢的，就该我吃！

学　生　6　你跑得快你吃，猜拳你又吃！

学　生　5　你自己吃不到鸡腿儿，说别人，不就是一个鸡腿吗，输不起！我不吃了。

〔用力扔掉鸡腿儿〕

学　生　6　不就是一个鸡腿儿吗？（踢被扔到地上的鸡腿儿）谁稀罕！

学　生　5　哼！

学　生　6　哼！

〔鸡腿先生边说边走到争执的同学旁边〕

鸡腿先生　　猜鸡腿儿，好办法，机会均等你我他；

猜丁壳，黑白手，争争吵吵不停休；

唉……

学生2、3、5、6　　快点吃，不行；随便拿，也不行；闹嚷嚷，更不行。

全体学生　　鸡腿先生，您说怎么办？

鸡腿先生　　定规则，都遵守，心服口服不争斗。

全体学生　　哦，明白了！把猜拳的方式固定下来，人人参与，人人遵守！

〔集体唱儿歌

剪刀石头布，剪刀石头布。

黑手白手黑手，黑手白手白手。

大鸡腿儿，黄灿灿，香喷喷，

咬一口，外酥里嫩，外酥里嫩！

嗯……（闭眼，闻一闻）真好吃！〕

【大家评】

学生张朝　　给老师提出猜拳分鸡腿儿建议的人就是我！全班同学一起来演这个故事，而且我们还得了“小金戏奖”，我觉得特别骄傲。

学生张卓雅　　在剧里，我演的是老师，我想，如果我当了老师，也会用这种民主的方式解决班级矛盾。

学生成浩铭　　我演的是只有几句台词的鸡腿先生，演完后，大家都说，我看起来很美味！哈哈哈，那是因为我用心琢磨了动作、表情、语气；也因为在一部剧里每一个角色都是非常重要的！

原创剧本

编剧：唐雪梅

社会主义核心价值观剧本——文明

“超人”总动员

【剧本说】

绿水青山就是金山银山，环境关乎人类命运和社会发展。在人与自然和谐共处、文明相待这一主题面前，学校教育绝不能缺席，而用戏剧的方式进行文明教育是孩子们最喜欢的方式之一。本次剧本创作的灵感来源于日常生活中垃圾分类口号多于行动等现状，围绕生态文明的主题，以小口切入，依托儿童的独特视角和真实感受，借着孩子们的英雄情结，剧本《“超人”总动员》诞生了。在创作过程中，为激发孩子们的创作热情，除结合“生态文明”“垃圾分类”等主题的绘本、故事和热点话题外，还充分尊重儿童本位，结合当下真实、亲切的生活情境，用朴素、自然的语言，简单、明了的戏剧冲突，以求在儿童的立场和视野里，引发情感共鸣，使儿童获得切实体验。剧本敲定后，再结合班里孩子们的性格特点和兴趣特长进行试演，最终定下角色。排练和演出时，让每个孩子带着“心中的剧本”，借助角色自由、真实地表达自我观点和态度，从而获得认同和成功。

地　点　　操场

人　物　　机器人（1人）

科学家（4人）

环保专家（4人）

垃圾分类超人（红超人、蓝超人、绿超人、黄超人共4人）

垃圾桶（红桶、蓝桶、黄桶、绿桶共4人）

学生（9人）

猪猪（3人）

小光（1人）

小明(1人)

小新(1人)

小静(1人)

小乐(1人)

【剧　本】

机器人	警报！警报！由于垃圾堆积成山，导致地球停止自转！请求支援！地球科研小队集合！
	〔科学家、环保专家互相争吵上场(音乐《这事都怪你》)〕
机器人	别吵了！别吵了！赶紧想办法吧！
科学家1	想办法，想什么办法？又想让我发明什么？
环保专家1	垃圾桶不是已经发明出来了吗？
科学家2	垃圾分类也开始了！
环保专家2	分类垃圾桶也就位了！
机器人	垃圾桶有了，垃圾分类方法也有了，可他们会用吗？你们去看看！
	〔小新从左边拿着装满垃圾的袋子上，准备扔垃圾。小光和小明匆匆忙忙从右边跑上舞台〕
小光	小新小新，刚才我听到广播说要整治校园形象了，你小心点啊！
小新	我就是小新，我还要怎么小心啊？
小明	你上课乱讲话。
小光	乱做作业。
小明	乱七八糟的。
小光、小明	就要挨——整——治！
	〔小静、小乐也走上舞台〕
小静	你们在瞎胡闹什么啊？
小乐	是要整治乱扔垃圾，垃圾不分类。
小新	(看看手里的垃圾，再看看面前的四个垃圾桶)(唱)每天都要扔垃圾，心里十分有压力。四种垃圾摆一起，不懂分类很着急。垃圾垃圾别看我，我不知道扔哪里。垃圾，我扔垃圾，今天我要扔对你！
环保专家3	都看到了吧！
环保专家4	我们没瞎说吧！

科学家3　　唉,确实是我们的问题。

科学家4　　(惊喜)有办法了! 请垃圾分类超人来帮忙!

四 超 人　　是!

小　　新　　(踢了一脚旁边的垃圾小桶)垃圾还分类,没听说过。(随手将垃圾扔进了红色垃圾桶。拍拍手,准备离开!)

红　　桶　　(气得发抖)伙伴们,这个小坏蛋,把厨余垃圾扔到我这儿来了!

四 超 人　　(你看看我,我看看你,生气)为了保护环境,垃圾分类超人变身!

小　　新　　哇! 好酷啊! 伙伴们,你们快看啊,垃圾分类超人来了!

〔4个学生上场〕

学生(齐)　　哪儿呢? 哪儿呢?

学 生 1　　颜色挺漂亮的!

学 生 2　　简直帅呆了!

学 生 3　　哦……我知道啦!

学 生 4　　知道啥? 红灯停,绿灯行。(大笑)

四 超 人　　(一本正经)嗨嗨嗨! 不是红绿灯,是垃圾分类超人。

学生(齐)　　为什么要分那么多颜色呢?

小　　新　　Tell me why?

学生(齐)　　Tell me why? Tell me why?

四 超 人　　(异口同声地)因为垃圾要分类存放啊!

小　　新　　还真要分类啊。超人们,垃圾怎么分类啊?

红　　桶　　有害垃圾我消灭!

蓝　　桶　　可回收物,交给我!

绿　　桶　　啊呜,厨余垃圾我——最——爱!

黄　　桶　　剩下的我全要!

小　　新　　还分出这么多的名堂来啊! 不过,我会!

〔四个超人人手一个充气锤子或狼牙棒〕

小　　新　　我知道。(把废电池推到蓝色垃圾桶后面,蓝色超人用锤子捶)

红　　桶　　废电池是有害垃圾,到我桶里来。

〔看到分错了,怕挨揍,互相推诿,都不敢上前分类了〕

学生1、2　　可是垃圾那么多,怎么才能全都分清呢?

学生3、4　　是啊是啊,这也太难了。

绿 超 人　　这还不简单!

蓝超人　　我们有个分类方法。

四超人　　养猪法！

〔3只小猪举牌上场〕

红超人　　假如我养了一头猪，有害垃圾就是猪吃了会死的。

绿超人　　厨余垃圾是猪可以吃的。

蓝超人　　可回收物，就是卖了可以买猪的。

黄超人　　其他垃圾，就是猪都不吃的！

〔3只小猪做逃跑状，收牌快速跑下场〕

学生（齐）　　哈哈哈哈哈哈哈，真是个好办法！

小　新　　不管是换成小猫还是小狗都可以记住啦！我们也来分一分！

〔（音乐《垃圾分类我最行》）同学们伴随音乐对不同的垃圾进行分类〕

〔垃圾分类完成，科学家、环保专家和机器人上场〕

全体（齐）　　我们只知道依赖科技，却忘了自己要动手。

让我们一起行动起来，去拯救地球吧！

〔奥尔夫的音乐《开车舞》响起，随着音乐，开火车退场〕

【大家评】

王必林老师　　戏剧表演是集体活动，通过集体创作帮助孩子们剔除以自我为中心的想法。从剧本创作到选角、换角、排练、彩排……有竞争，有矛盾，有惊喜……孩子们在表演过程中移情换位，获得群体接纳，学会了谦让、补位、勤奋、协作。在舞台表演中，本色出演的人物真情流露，诙谐流行的语言惹人发笑，童真童趣的剧情引人入胜。全部道具是老师带着全班同学在家长的配合下，利用快递箱、旧衣服、旧布料等可回收“垃圾”制作的，每事每物思虑环保主题，而台前幕后“每个人都是主角”的理念也逐渐显现。我们的《“超人”总动员》是老师、家长、孩子的总动员，整个过程真实、有深度，帮助孩子们理解垃圾分类的意义，促使垃圾分类的文明行为落地实施，让孩子们懂得了用正确、科学、文明的方式参与环保，学会了与自然和谐共处、文明相待。

原创剧本

编剧：高秀娟　王必林

大海笑了

【剧本说】

人与自然是和谐统一的整体,大自然是人类的朋友。只有尊重自然、顺应自然、保护自然,才能与大自然和谐共生。此次创作的灵感来源于生活中孩子们热爱大海却疏忽保护环境、爱护海洋生物的现状。剧本《大海笑了》以"不乱投喂海洋生物"为切入口,站在儿童立场,从孩子们的切身感受出发进行创作。在创作过程中,借助相关绘本和与海洋有关的资料,孩子们兴致颇高,你一言我一语,互相激发创作点。最终,在大家的共同努力下,一台好戏展现在各位观众眼前。通过创作,孩子们也深深懂得了:从我做起,保护环境,让文明之花处处绽放!

地　　点　　海边

人　　物　　男孩甲(1人)

男孩乙(1人)

女孩丙(1人)

女孩丁(1人)

小丑鱼(15人)

小丑鱼爸爸(1人)

小丑鱼妈妈(1人)

小学生(12人)

其他演员若干

【剧　本】

第一场

〔幕起，微风吹过，海浪声起，在碧绿的椰树、棕色的礁石、银白的沙滩、蓝色海洋的映衬下，一群小学生伴着欢快的音乐，蹦蹦跳跳地来到了大海边，欢快地跳舞、野餐〕

〔音乐声渐弱至无，小学生们以各式动作定格于背景前。男孩甲、乙和女孩丙、丁伴随着海浪声上场〕

男孩甲　哇！你们快来啊！这里有好多好多的贝壳！

男孩乙　看，这个贝壳多漂亮！

男孩甲　大海螺，用它来做话筒，小丑鱼一定能听见。

男孩乙　你是说《海底总动员》中的小丑鱼吗？

男孩甲　是啊。

女孩丙　我最喜欢小丑鱼啦。

男孩甲　说不定这片海里就有小丑鱼呢。

男孩乙　（拿着零食）我包里有很多吃的，我扔进海里给它们吃吧！

〔音乐响起，一群小学生伴着欢快的音乐给小丑鱼喂食，同时乱扔包装纸等垃圾〕

女孩丁　你们这样不对，妈妈教育我们不要乱丢乱扔，也不能随便给动物喂食，这些都是不文明的行为，会给小动物和大自然带来伤害！

女孩丙　我们是喜欢小丑鱼，才给它们吃我们喜欢的零食啊！

男孩甲　对啊！难道你不喜欢吃零食吗？

小学生　对啊！是因为喜欢它们啊！你没有爱心！

〔音乐响起，小学生们分为两拨，各执一词〕

男孩乙　别和她说了，我们去那边找小丑鱼吧！

〔音乐减弱，退场（女孩丁留在场上）〕

第二场

女 孩 丁　（自言自语）难道是我错了吗？明明乱扔垃圾、乱投喂就是不文明行为！

〔叹气，慢慢地走到舞台边上〕

〔音乐响起，小丑鱼爸爸妈妈带着一群小丑鱼上场。可爱的小丑鱼，在水里游来又游去，看见水草摆摆尾，看见水草摆摆尾，昂首挺胸游来游去……〕

小丑鱼爸爸妈妈　孩子们！快！快跟上，别掉队了。

三条小丑鱼　我们要去哪里啊？

小丑鱼爸爸妈妈　我们要在那群垃圾漂过来之前离开这里！

〔垃圾一拥而上，围住三条小丑鱼〕

三条小丑鱼　爸爸妈妈！等等我，爸爸！等等我，妈妈！

〔被垃圾围住的小丑鱼昏死过去〕

女 孩 丁　咦！小丑鱼！你们快来啊！这儿真的有小丑鱼呢！

〔四人围拢在小丑鱼身边，仔细地观察它们〕

男 孩 乙　它们怎么了？

男 孩 甲　它们被垃圾缠住了！

女 孩 丙　咦？是我们扔的垃圾吗？

〔小丑鱼在四人的讨论声和触摸下苏醒过来〕

三条小丑鱼　啊！你们要干什么？

女 孩 丙　别害怕，我们是来帮助你们的。

三条小丑鱼　我不信。你们人类总是制造垃圾，污染大海，破坏我们的生存环境。要不是你们，我们才不会和爸爸妈妈分开呢。呜……呜……我要爸爸，我要妈妈。

四人（齐）　别哭，别哭。

男 孩 甲　我们先帮它们清理一下吧。

男孩乙和女孩丙、丁　好啊。

〔四人给小丑鱼清理垃圾〕

三条小丑鱼　谢谢你们，再见！

男 孩 乙　小丑鱼，我们还会再见面吗？

三条小丑鱼　只要人类停止不文明的行为，不再制造垃圾和破坏环境，还我们一片蔚蓝色的大海,我们一定会再回来的。

四人齐　　我们记住了。再见!

男孩甲　　我们再也不要往海里丢垃圾,不要给动物喂食了。

女孩丙、丁　　让我们一起动手,清理垃圾,还小丑鱼一个干净的家园吧。

男孩乙　　好啊!让我们一起吧!

第三场

女孩丙、丁　　垃圾清理干净了!

男孩甲、乙　　看!海水又变蓝了。

齐　　小丑鱼,快来啊!快来啊!

〔演垃圾的孩子们扛“文明、和谐”的木牌。孩子们和小丑鱼在音乐声中快乐地舞蹈,最后所有演员以“文明、和谐”的木牌为中心定格造型,全剧结束〕

【大家评】

学生袁子瑜　　在《大海笑了》这部剧里面,我扮演的是春游的小学生,从中我懂得了在日常生活中要养成文明的行为习惯,保护好我们生存的地球家园,做一个善良有爱的人的道理。老师还告诉我,要加强阅读和朗读能力,说好台词,希望下次我的台词可以说得更好。

学生朱佑兮　　我在《大海笑了》这部剧中扮演了女孩丁这个角色,剧中我的台词比较多,多亏老师帮我分析人物特点、分析每句台词,最终我顺利完成了角色的演绎,我很开心!在排练过程中全班同学互相配合、互相帮助,协力完成这个作品,这种感觉太棒了!

学生唐渝航　　我在《大海笑了》剧中表演的是背零食的小学生。在生活中,零食是我们的最爱,但通过这部剧,我深刻地认识到不要随意投喂海洋生物,爱护小动物,从我做起。

原创剧本

编剧:吕　丹

文明友爱你我他

【剧本说】

《文明友爱你我他》取材于现实生活，故事分别发生在小区里和红绿灯路口。一年级的孩子对世界充满好奇心，他们时时观察生活，处处热爱生活。基于此，我们的剧目从孩子的视角来感受不同角色的力量，带着“身份”发现问题、解决问题。医生、护士、消防员、热心群众……孩子们在排演中学会沟通，在游戏中理解合作交流，在故事中感受榜样力量，在体验中选择成长方向！我们力求让孩子在反映本质的过程中做一个综合简练的“记录者”，让他们懂得“艺术源于生活亦将归于生活”，做一个永远赤诚的人！

地　　点　　小区里、红绿灯路口

人　　物　　司机(4人)

行人(4人)

清洁阿姨(1人)

女生(3人)

球员(6人)

其他演员若干

【剧　本】

第一场

(马路上，各种车辆在正常行驶，一辆车突然撞倒了一个正在过马路的老人，老人的脚被卡到车轮下)

旁　　白　　在一个工作日的清晨，忙碌的人们已在上班路上，马路上的车川流不息，街道两旁的人行道上的行人也是络绎不绝……

司机1　　哎呀！谁让你走路这么慢的，我是绿灯正常行驶，不关我的事！

行人1　　快看，那里出车祸了。

行人2　　别看了，快走吧，不然上班要迟到啦。(边说边拉着同伴离开)

行人3　　走，快点去帮忙。(边说边走向车祸地点)

行人4　　(与司机2一起靠近车祸地点，并拿出电话打“120”)您好，急救中心吗？我这里是幸福路路口，这里出车祸了，有一个老人受伤，需要急救！

司机3、4　　(靠边停车)快，大家一起来帮忙把车抬走。

〔路人、司机纷纷伸出援手，一起帮忙。有的帮忙把车抬开，有的打“120”。很快，救护车赶到〕

〔路边行人3、4，司机3、4说：“来，大家一起用力，1、2、3，1、2、3……”然后一起将车抬起来〕

〔两位护士抬着担架，两位医生拿着听诊器和医疗箱从旁边出来。一位医生和护士先检查伤者情况，听诊胸音，并做心肺复苏；另一位医生和护士用纱布给伤者包扎。然后他们一起将伤者抬上担架送往医院〕

旁白　　刚刚这惊险的一幕，虽然有人视而不见，但是也有许多乐于助人的热心群众伸出援手，我们的生活也因为有这么多热心的人而变得温暖。

第二场

〔小区花园里大家和谐安宁地各自忙碌着，一切都是那样井然有序〕

旁白　　我们的幸福生活来之不易，有那么一群人，总在默默地守护着我们……

〔4个女生蹦蹦跳跳地走出来〕

女生1　　我们来跳绳吧！

女生2　　那谁来甩绳子呢？

女生3　　要不我们剪刀石头布吧，输了的先甩绳子。(说完就开始游戏)

清洁阿姨　　(从舞台左边上场，拿着扫帚边扫边走)昨晚的风太大了，吹得叶子到处都是，但是今天的太阳可真大啊！

〔在舞台右边有两个人正在下象棋，他们旁边有两个观众正在交

流:这个“马”不能这样走啊!〕

〔在一楼的窗户边有个阿姨,正在用电磁炉炒菜〕

〔篮球队队员6人上场,走到舞台中央开始篮球训练;遛鸟的两人提着鸟笼从舞台右方上场,边走边逗鸟〕

〔突然,一阵浓烟从楼道飘散出来〕

球员1号　你们有没有闻到什么味道呀?

球员2号　有点儿呛,是不是哪里着火了?

女生1号　快看,那里有好大的烟雾啊,不好啦,着火啦! 快打“119”。

女生2号　我戴了电话手表的,我来打吧!(拨打“119”电话)喂,您好! 请问是“119”吗? 这里是幸福花园小区,1栋着火啦,快来救火吧!

〔做饭的阿姨用手扇开烟雾,但仍因呼吸困难晕倒在地上;下棋的人和观棋的人也闻到味道了。这时消防员来了,有的拿着灭火器,有的拖着消防水管,快速冲到火灾现场。1位消防员背着晕倒的阿姨撤离,2位协助扶住晕倒的人员。最后3位消防员灭完火后才撤退〕

旁　白　在日常生活中,我们一定要注意用电安全,感谢身边有这么一群可爱的英雄,在需要的时候,他们总是冲在前方,保护着我们。

〔集体合唱〕

【大家评】

学生高瑞欣　每次该我出场时我都很害怕,手脚都不知道该怎么放。通过一次次的练习,在老师和同学们的鼓励下,我战胜了恐惧,成功塑造了角色。我很喜欢演戏剧,下次我得挑战新角色。

李明锦涵妈妈　虽然孩子只是扮演一个跳绳的热心群众,但儿童戏剧不是一个人的独角戏,它是需要多方沟通和配合的。通过这次活动,孩子的社交能力有了一定的提升。不光如此,通过戏剧表演,孩子更加懂得包容和尊重他人,也懂得了台上一分钟台下十年功的道理。金州小学为孩子们提供的不仅仅是一个舞台,更是孩子们提升综合能力的有效平台。

陈嘉予爸爸　孩子第一次参加戏剧排演,这对于他来说是一次新的尝试和挑战。孩子扮演的是司机,和同学们一起排练、上台表演,这本身就是一次很好的体验，增强了孩子的协作意识和集体荣誉感。希望学校今后能提供更多类似的机会，让孩子们得到更多的锻炼和成长。

谭明予妈妈　全剧紧紧围绕孩子身边的故事展开，剧本主题非常明确，孩子们表演出色。排演戏剧，不仅能锻炼孩子们的胆识、语言表达能力，还能培养他们互帮互助的良好品质，让他们在成长路上学会温柔待人、热心助人。

原创剧本

编剧：张　星

社会主义核心价值观剧本
——和谐

老虎拔牙

【剧本说】

戏剧，区别于传统的课堂教育，也并非单纯向学生传授戏剧知识和表演技能，而是要通过戏剧代入的方式，对学生的创造力、想象力进行塑造。将戏剧元素融入教育之中，是教学方法的创新。孩子们对新奇的事物有着一种天然的亲近感，生动的情节和奇特的故事都给孩子们带来了很好的审美享受。在故事中，面对凶恶无比的大老虎，小动物们从束手无策到学会用智慧来解决问题。孩子们也在幽默诙谐的表演中不断产生新的想法，在虚构的情境中把内心的想法都转变成实际的行动，去寻找解决问题的办法。

地　　点　　森林王国

人　　物　　老虎（1人）

小猴（1人）

小兔（1人）

小狗（1人）

小猫（1人）

其他小动物（30人）

【剧　本】

〔大森林背景，伴随音乐《晨歌》，小猴、小兔、小狗、小猫齐上场，它们唱着《孤独的牧羊人》，这时老虎出现了〕

老　　虎　　我的生日就要到了，每个小动物都必须准备一份礼物，不然的话，哼哼，我就把你们一个个全都吃掉,哼,走了!

〔《叱咤风云》音乐起,老虎退场〕

小　狗　　朋友们,过几天就是大老虎的生日了,我们准备什么礼物呢?

小　兔　　平时老虎总是欺人太甚,这回要想个好办法治治它。

小　猫　　老虎横行霸道,唉,真是束手无策啊!

小　猴　　小动物们,你们别着急,本小猴自有锦囊妙计,你们就等看好戏吧!

小动物　　什么什么啊,快说啊快说啊。

〔动物退场〕

旁　白　　几天后,大老虎的生日终于到了,小动物们准备了很多礼物送给老虎大王,把老虎大王可高兴坏了。

〔音乐起,老虎入场〕

老　虎　　哈哈哈,今天是我大老虎的生日,看看小动物们都准备了什么礼物。

小动物们　　老虎大王,这是我们为您准备的鱼、青菜、虫子、胡萝卜等。

〔吹口哨,小猴子手拿棒棒糖道具跳舞上场,跪在老虎身边〕

老　虎　　小猴,你拿的是什么?

小　猴　　老虎大王,这可是小动物们最喜欢吃的糖果,您快尝尝吧!

〔伴随着音乐,老虎开心地吃糖〕

老　虎　　糖可真好吃啊,嗯嗯嗯,真好吃……(停顿片刻)哎哟哎哟,牙疼,哎哟哟……牙怎么疼了,疼死我啦……

〔老虎痛苦地捂住嘴向小动物们求救〕

小　猴　　让我看看!(小猴朝着老虎的嘴里看了看)啊啊啊,是牙齿坏啦!那咱们赶紧拔牙吧!小动物们,快来帮忙啊!

〔放拔牙音乐,小动物们一起给老虎拔牙〕

〔音乐结束,小动物拔牙成功〕

老　虎　　哎哟哎哟,猴子!你出来!

〔老虎捂着嘴巴,猴子跑上场〕

老　虎　　都是你这只坏猴子,给我吃了那么多糖,我要吃了你!

〔老虎朝猴子扑去,猴子一动不动〕

猴　子　　哈哈哈,你的牙齿都没了,看你怎么吃我,我可不怕你了,拜拜!〔猴子以及其他小动物兴高采烈地退场,老虎灰溜溜地走到台前〕

老　　虎　唉，小朋友们，糖虽然好吃，也不能吃太多，我再也不吃糖了，再也不欺负小动物了！

小动物们　每个小动物都应该善良，让我们做团结友爱的一家人吧！

〔老虎和所有的小动物一起跳舞，大家成了真正的好朋友〕

【大家评】

学生明阪澄　戏剧让每个孩子都站在了舞台的中央，在表演的时候我特别投入，很享受在舞台上的每一分钟。

学生翁艺珈　刚开始的时候，我又期待又紧张，对这种全新的表演形式感到非常好奇，我觉得这个角色我演绎得蛮不错的！

学生金珂羽　我扮演的是活泼可爱的小兔子，在剧中，我和其他动物齐心协力打败了老虎大王，真是大快人心。

学生王星懿　戏剧让我更加开朗和自信了，我从中学到了很多，也收获了很多。

学生邱子墨　我的角色虽然台词不算太多，但也是不可或缺的，希望下一届戏剧节我也能有机会参与！

学生陈瑾萱　“让我们做团结友爱的一家人吧！”我对这句台词还记忆犹新，戏剧让我们对生活有了更深的领悟。

学生廖晨馨雨　舞蹈是我的特长，在戏剧表演中，舞蹈元素的加入使舞台效果更加突出，我太喜欢戏剧了。

改编自童话剧本《老虎拔牙》

编剧：汪列秀　刘　欣

三个坏家伙

【剧本说】

《三个坏家伙》是根据小学低段学生的特点而创作的一部儿童情景剧，学生通过对角色的观察、理解、模仿等，切身体验角色的个性特点，获得角色认同和自我满足，提高了自身的舞台表现力，从而也实现戏剧的教育意义。

剧本以“三个坏家伙”为线索，不仅指出了苍蝇兄弟和蚊子这三个污染环境、传播病毒的坏家伙，也侧面批评了乱丢垃圾的“三个坏家伙”，通过富有童趣的角色互动，讲述了知错就改的小学生和善良勇敢的小蜻蜓齐心协力守护花园，破灭苍蝇兄弟和蚊子邪恶的计划，实现人与自然和谐相处的故事。剧中还加入了音乐剧、现代诗朗诵等表演形式，丰富了剧本的艺术吸引力与感染力，引导孩子们思考人生、感悟人生，树立积极向上的态度和价值观，从而培养其社会责任感。

地　点　花园

人　物　学生甲、乙、丙(3人)

蚊子(1人)

苍蝇(2人)

蜻蜓(9人)

大树(1人)

小花(11人)

小草(14人)

【剧 本】

第一场

〔这是一个美丽的花园,有一片碧绿的草地,各种各样鲜艳的花朵竞相开放,茂密的大树立在中央〕

大 树　(公鸡叫)喂! 孩子们! 起床啦! 今儿个天气好极了,快出来呼吸呼吸新鲜的空气吧!

〔花儿伸着懒腰,小草也挺直了腰板(哈欠声)〕

学生甲、乙、丙　(背着书包蹦蹦跳跳上学,哼唱《上学歌》)太阳当空照,花儿对我笑,他们说早早早,你为什么背上小书包?

学生甲　哈哈,我的书包里还藏着零食呢!

学生乙　我也有我也有。

学生丙　那我们吃完再去学校。

学生甲、乙、丙　(一屁股坐到大树旁)走走走。

〔学生甲、乙、丙开始翻找零食〕

小 草　哎哟, 挤死我啦!

学 生 甲　薯片,我的最爱!

学 生 乙　可乐,我的快乐!

学 生 丙　士力架,横扫饥饿!

〔吃零食,上课铃响〕

学生甲、乙、丙　完了完了,迟到啦迟到啦!

〔学生甲将零食袋向后抛,砸到了大树和小花〕

小 花　哎哟……

大 树　哎哟,我的老腰哦。

小 花　哼,三个坏家伙,真没礼貌 !

小花(群)　没礼貌!

小 草　踩踏草坪,还乱丢垃圾,太不讲文明了!

小草(群)　不文明!

第二场

苍蝇甲　谁说的？我们可不这样认为，破坏环境、不讲文明的小孩儿，都是我们苍蝇的好朋友。（苍蝇乙肚子咕咕作响）嗯？你有意见？

苍蝇乙　没意见，我只是饿了。嘿嘿嘿，你看我都饿瘦了！

苍蝇甲　要不，我们先吃点儿东西？

苍蝇乙　好！

苍蝇甲　来！可乐归你，这是肥仔快乐水，喝了它，你强壮的身材就回来啦。

苍蝇乙　哇！太好了。（抱着可乐大喝起来）

苍蝇甲　我吃什么呢？点点羊羊，点中谁人当肥羊。好，就你了！

蚊　子　（张望着跑上前）苍苍苍苍蝇大哥。

苍蝇甲　你谁啊？（别过身）

蚊　子　我我我我啊！（手指比画）

苍蝇乙　不认识。（别过身）

蚊　子　哎呀，我是蚊子老弟啊！（着急地跺脚）

苍蝇甲　噢噢噢，（恍然大悟）蚊子老弟，你来得正好，坐坐坐。我啊，有一个伟大的计划。（双手比画）我负责污染环境，你负责传播病毒，我们一起征服世界，怎么样？

蚊　子　好极了，说干就干！（音乐伴奏）

〔歌词：花园（穿披肩）里面垃圾成堆

苍蝇（扔披肩）蚊子满天飞

我们一起征服全世界（造型）

（花草树木垂下了头来）〕

第三场

学生甲　这里是怎么啦？怎么变得又脏又臭！

学生乙　还有好多苍蝇和蚊子，怎么会这样？

学生丙　这好像都是我们丢的垃圾，难道……

学生甲、乙、丙　难道是因为我们……

苍蝇甲　咦，这不是我们的人类小朋友吗！走，我们去和他们打个招呼（围着学生甲、乙、丙转）

学 生 乙　　走开，走开！

学 生 丙　　快走开！

学 生 甲　　你们不要过来啊！

蜻 蜓 甲　　住手，你们这三个坏家伙，看看花园被你们污染成什么样子了，今天，我们一定要把你们抓起来！

学生甲、乙、丙　　对不起。对不起，我们错了。（以为说的是自己）

蚊　　子　　不好，苍苍苍蝇大哥，我的冤家来啦！

苍蝇（群）　　快溜！

蜻 蜓 乙　　站住，你们到处传播病菌，危害人类！

蜻 蜓 丙　　我们要帮助人类消灭你们！

蜻蜓（群）　　对！消灭你们！

〔苍蝇和蚊子企图逃跑，蜻蜓拦住了它们的去路〕

蜻 蜓 丁　　小朋友们，苍蝇和蚊子会带来很多细菌，你们一定要离它们远远的。

学生甲、乙、丙　　我们一定会改正错误，爱护环境，争做文明的小学生。

蜻蜓（群）　　让我们一起保护美丽的环境吧！

集体朗诵　　（音乐伴奏）

我想去涓涓的小河，
去幽静的亭台楼阁，
去与高山比比个，
去与鸟儿对对歌，
去探索地球上的每一个角落。
地球，我的母亲，
你受的伤害太多太多。
你的孩子——我们，
立志还青山翠绿，
还江河清澈。
让空气清新，
让花艳树影婆娑，
让草绿鸟儿欢歌，
让我们一起欢声笑语，充盈快乐！
家园美丽生机勃勃，我们才能安享多彩的生活！
家园美丽生机勃勃，我们才能安享多彩的生活！

【大家评】

学生朱煜铖

我饰演的是剧本中想要统治世界的苍蝇甲，这是一个非常霸气的角色。在练习的过程中，我模仿电影和动画中像它这样霸气的人物，再加上自己的个性化想象，试着呈现一个不一样的角色。这也让我明白，原来想要演好一个小动物也要精心地揣摩每一个动作、表情，甚至是说话的语气。这次戏剧表演，让我越发地喜欢表演了，真是太有意思啦！

学生余秉臻

在剧里，我饰演的是一棵大树，别看我台词不多，可我是开场第一个说话的人物。哈哈，连老师都说，我的开场给整个剧奠定了好的基础！

王梓沫妈妈

特别荣幸陪伴孩子参与这次戏剧演出。这也是孩子第一次接触戏剧表演，剧本充满童真，孩子特别喜欢。我也有幸见证了孩子们的排练过程。为了演好这出戏，他们身上所体现出的团结合作、共同努力的精神让我们家长很感动。这部剧目表演完，孩子回家都信誓旦旦地说，一定要保护好我们的地球妈妈！相信孩子们会越来越充满正能量，越来越棒！

原创剧本

编剧：谭智文　卢元丹

保护地球妈妈

【剧本说】

“我们只有一个地球”“地球是我们共同的家园”，这些口号的提出，标志着人类的环保意识正在觉醒。孩子是祖国的未来，是21世纪的主人，对孩子进行环保教育，增强他们的保护意识，意义重大而深远。作为一名教师，培养学生的环保意识是我义不容辞的责任。我想通过一次戏剧节活动，通过丰富的环保活动，强化学生爱护、保护地球的意识，培养学生的养成环保习惯，并以此带动整个家庭关注环保，共同关爱我们的家园。基于此，剧本《保护地球妈妈》诞生了，以期让学生树立环保意识，养成环保的好习惯。

地　　点　　森林、冰川

人　　物　　人类姐姐(2人)

人类妹妹(2人)

人类弟弟(1人)

人类爸爸(1人)

人类妈妈(1人)

小猪姐姐(2人)

小猪妹妹(4人)

小猪哥哥(3人)

黄鼠狼(3人)

小松鼠(5人)

蜘蛛(2人)

狮子大王(1人)

蝙蝠妈妈(1人)

蝙蝠孩子(2人)

小鹿妈妈(1人)

小鹿孩子(1人)

海盗船长(1人)

提琴公主（1人)

冰川女王(1人)

【剧　本】

第一场

(情景剧动作表演)森林里的小动物们快乐又自在地生活着。

第二场

〔几个人来到了森林〕

人类姐姐1　　妹妹妹妹,你喜欢这里吗?

人类妹妹1　　我喜欢,我特别喜欢这里的小蘑菇。

人类姐姐1　　那我给你摘。

人类妹妹2　　爸爸爸爸,你陪我玩吗。

人类爸爸　　(边玩手机边说)走开走开,一边玩去。

人类姐姐2　　妈妈妈妈,你陪我玩吗。

人类妈妈　　走开走开,没看我玩手机呢。

人类姐姐2　　哼！气死我了。弟弟,我们走。

〔于是几个孩子就自己到处玩,最后走散了,迷路了〕

第三场

〔小猪家门前,小猪们看到一个小女孩趴在地上捡东西〕

小猪姐姐1　　一会儿我们只要躲在那个小女孩的后面,就一定能找到美食,到时候远点儿,别只顾着吃,重点是拿,听懂没有?

小猪妹妹1、小猪哥哥1　听懂了,姐姐！哈哈哈！

小猪妹妹2　　姐姐姐姐,这个人怎么和我一样也趴在地上捡东西啦,她是不是在和我抢食物呢?

小猪姐姐2　居然敢抢猪小妹的食物，看我怎么收拾你！

人类姐姐1　唉，这里这么多垃圾也没人管，下次再也不来了！

小猪妹妹3　姐姐，这个人好像不是来抢我们食物的，我们是不是误会她了？她好像走丢了……

小猪姐姐2　那我们去道歉吧！

小猪妹妹4　不好意思啊，我们还以为你在抢我们的食物呢。

人类姐姐1　走开走开！

小猪哥哥2　别生气！你想干什么我们都可以帮助你。

人类姐姐1　那你能帮我找到我的爸爸妈妈和弟弟妹妹们吗？

小猪姐姐1　哼！你们居然帮助人类，我要把你们交给狮子大王处置。

〔于是，小猪姐姐1就与蜘蛛一起把这个小女孩和自己的猪弟猪妹们押到了狮子大王面前〕

第四场

〔在狮子大王的城堡，几个小动物把宝藏、火种（打火机）和小猪们交给狮子大王。正当它们起争执时，森林燃起了熊熊大火，大家四处逃窜〕

黄鼠狼1　这是谁？

蜘　蛛　1　人类啊！

黄鼠狼2　大王，这是我寻找到的火种。

黄鼠狼3　大王，这是我带来的宝藏。

狮子大王　退下！

黄鼠狼（合）　谢大王！

小松鼠（合）　恭喜大王获得宝贝！

小猪姐姐1　大王，我的兄弟姐妹们竟然帮助人类，我把它们都带来了，请大王处置！

小猪哥哥3　我们可是你的亲兄妹啊，你太狠心了！

小猪姐姐1　谁让你们要一起帮助她？

小松鼠1　大王，您看要怎么处置她？

小松鼠2　大王，能给我看看这个火种吗？（仔细观察）这果然是人类为了消灭我们制造的火种。

蜘　蛛 1　(用蜘蛛网紧紧网住人类姐姐1)可恶的人类,现在落我的手里了吧!这下看你们怎么逃!

小松鼠3　蜘蛛,你太厉害了!

蜘蛛(合)　哈哈哈……

狮子大王　住口!

小松鼠4　(闻到了什么奇怪的味道)哥哥,这是什么味道啊?

小松鼠5　(仔细闻闻)花草,还有……还有被烧焦的味道。不好!这味道好像是从旁边蝙蝠林飘过来的!

狮子大王　(看向黄鼠狼2)你从哪里捡来的火种?

黄鼠狼2　大王,我在蝙蝠林捡到的。一定是这个人干的,她这是想烧死我们啊!

人类姐姐1　不,我没有!我捡垃圾的时候,看到一个打火机,森林太黑了,我一个人好害怕!我是因为害怕才用打火机点燃火把,并没有引起火灾。呜呜呜!

小猪姐姐1　就是你,还敢狡辩!

黄鼠狼(合)　大王,我们赶紧去灭火吧!

小松鼠(合)　火来了,火来了!火越来越大了!火快烧到我们这儿来了!大家快逃啊!

〔所有动物四处逃窜〕

第五场

〔海盗船长路过蝙蝠林,看到熊熊大火,赶紧跑去营救〕

蝙蝠孩子1　你是谁?为何闯入我们的蝙蝠林?

海盗船长　我是来救你们的!

蝙蝠孩子2　哇,太好了!

海盗船长　孩子们,我知道谁可以扑灭大火。

小松鼠(合)　你是?你是不是可以找到有魔法的冰川女王?

小鹿妈妈　听说她可以让所有动物找到回家的路!

小鹿孩子　那是不是可以让我们的森林恢复原貌呢?

海盗船长　是的,孩子。大家都跟我走吧!

蝙蝠妈妈　可是……可是我们要留下来保护森林!孩子们就交给你了……

〔海盗船长带着小动物们离开了蝙蝠林〕

第六场

〔海盗船长带着小动物们来到冰川，同时，与家人走散的两个小孩也来到了冰川〕

人类弟弟　姐姐，这里怎么什么都没有啊？冰川里没有企鹅吗？

人类姐姐2　弟弟你看，那里有一个提琴公主！

海盗船长　公主，您的提琴有魔法吗？

提琴公主　我的提琴没有魔法，只有母后的才有，你们从哪儿来啊？

〔冰川女王出场〕

海盗船长　尊敬的女王陛下，我在森林遇到了一群被火困住的小动物们，它们需要您的帮助。

小鹿孩子　女王女王，救救我们吧，我们的家都快没了！我们的家因为人类带来的大火已经快要烧尽了，我妈妈还在那里等我回去救她。

冰川女王　人，哪里来的人？你们现在连森林也不放过吗？

人类姐姐2　可是，我没有破坏森林，也没有引起火灾啊！为什么你们都骂我，我只是想找回家的路。

冰川女王　孩子，你看看吧，森林锐减、气候变暖……这一切的源头都是你们啊！如果不停止随意砍伐，不重视环境，无论人类、动物、植物……所有的生命都将失去自己的家园！

人类姐姐2　所以我们要一起爱护、保护我们的家园！

所有人（合）　是的是的！姐姐说得对，保护环境靠大家！

〔所有演员们跟着音乐缓缓上场，边做动作边唱《国家》〕

【大家评】

任芷曦家长　这是一年级“小金宝”首次站上戏剧节的舞台，看到一个个可爱的“小动物”在台上认真地演绎着属于你们的角色，不禁被你们深深感动。在舞台上，你们是小猪、小鹿、松鼠、海盗船长，更是克服各种困难勇敢站上金州舞台的你们自己！继续发光吧，小可爱们！

传锐泽家长　看着孩子们在台上认真演出，我比孩子们还激动。表演结束后，有的家长甚至还落下了激动的泪水。

李知轩家长　　**宝贝第一次接触戏剧，充满挑战和未知，我非常欣慰地看到你在努力学习，和大家融为一体，继续努力吧！**

原创剧本

编剧：刘　敏　徐　虹